LOCUS

LOCUS

mark

這個系列標記的是一些人、一些事件與活動。

Mark 125

金色的加利福尼亞共和國
Golden California Republic

作者：林心雅‧李文堯 (HSIN-YA LIN & WEN-YAO LI)
攝影：李文堯‧林心雅
編輯：李濰美
封面設計：林育鋒
內頁設計：林育鋒‧許慈力
校對：李昧‧林心雅

法律顧問：全理法律事務所董安丹律師
出版者：大塊文化出版股份有限公司
地址：台北市 10550 南京東路四段 25 號 11 樓
www.locuspublishing.com
讀者服務專線：0800-006689 TEL：(02) 87123898
FAX：(02) 87123897
郵撥帳號：18955675
戶名：大塊文化出版股份有限公司
e-mail：locus@locuspublishing.com
總經銷：大和書報圖書股份有限公司
地址：新北市五股工業區五工五路 2 號
TEL：(02) 89902588 (代表號)　FAX：(02) 22901658

初版一刷：2016 年 12 月
定價：新台幣 350 元

GOLDEN

金色的
加利福尼亞
共和國

CALIFORNIA

林心雅・李文堯　文 / 攝影

REPUBLIC

加利福尼亞地圖 「GIS 地圖繪製 / 李文堯」

紅杉
國家公園

海

岸

中

內

華

央

達

谷

山

地

脈

薩加緬度

太浩湖

納帕山谷

繆爾森林
國家紀念地

舊金山

聖荷西

蒙特利灣

聖西蒙

匹斯莫海灘

約塞米地
國家公園

白山山脈

國王峽谷
與巨杉國家公園

惠特尼峰

弗雷斯諾

死谷國家公園

加州罌粟
保護區

聖塔芭芭拉

洛杉磯

莫哈維沙漠

約書亞國家公園

鹽頓湖

聖地牙哥

感謝雙親

讓我們乘著夢想的羽翼

自由飛翔......

目錄

Chapter 3：山水之最

Chapter 4：MIC- 加州製造

The free exploring mind of the individual human
is the most valuable thing in the world.

—— John Steinbeck

人類自由探索的精神是世界上最有價值的事。

—— 約翰·史坦貝克

推薦序 陽光燦爛的加利福尼亞州

北美洲華文作家協會會長 / 吳宗錦

加利福尼亞（California）是在 1850 年正式成為美利堅合眾國第三十一州，其面積為 423,970 平方公里，比台灣的面積 35,583 平方公里還大了十一倍多，比日本國的總面積 377,962 平方公里，還大了 45,158 平方公里。加州的地形狹長，南北長達 1,240 公里，東西最寬 400 公里。加州更是美國人口最多的州，超過三千七百萬人。如果把加州當成一個國家的話，其 GDP 經濟規模已經是世界第六大經濟體，僅次於美國、中國、日本、德國、英國，比位在第六名的法國略多。

加州氣候溫和少雨，一年到頭陽光燦爛，是最適合從事戶外運動和拍攝電影的地方，因此世界聞名的「好萊塢」就在加州。加州因為地理位置的優勢，成為亞洲移民美國的首選，亞裔人口占 3.8%，使加州成為全美人口最多元化的一州，於公元 2000 年人口普查時，非西語裔的白人人口首次少於 50%。因此加州也成為全美文化最多元的薈萃之地，使各族裔的人們都能在這個號稱「金色之州」的加利福尼亞，自由自在並融洽地生活在一起。

從台灣移民到美國，回頭一看，已經 33 個年頭。回想當初之所以選擇到加州落腳，上面所提到的地理位置、氣候溫和，華人多、朋友多，較易發展事業，都是當初考慮到的因素，現在回想起來，覺得當初的選擇是正確的。我喜歡旅行，三十幾年前在台灣就編印過一套九冊的《世界旅行全集》，到過世界不少地方旅行，雖然風光漪妮的地方很多，但適合長期居住的地方就很有限了，加州就是這種少數的宜居之地。加利福尼亞州是除了台灣以外，我居住過最長時間的地方，無疑已經成為我的第二故鄉了。

上個月底，當我正在香港和河南鄭州，出席世界華文作家協會第十屆會員代表大會及考察時，接到心雅的 E-mail，邀請我為她的新書《金色的加利福尼亞共和國》寫序，並寄來 PDF 檔，我打開一看，就被書中的精彩內容和精挑細選的照片所吸引，當時立刻回覆，等我返美細讀後，一定準時交稿。我是在今年八月底才被選為「北美洲華文作家協會」新會長，這是上任後第一個寫序的邀約，加上心雅又是我台灣大學的學妹，也是北美華文作家協會下屬「北美南加州華人寫作協會」的會員，不容我推辭，因此為序。

《金色的加利福尼亞共和國》是一本很值得閱讀和收藏的好書，從歷史、自然生態、環保、地理、經濟等角度切入，深入地報導加利福尼亞州的各種面貌，既是很棒的報導文學，又是很有深度的參考書，配上心雅和她先生文堯精心拍攝的二百張精彩照片，把這本書編印得盡善盡美，大家不妨仔細地慢慢閱讀欣賞吧！

2016 年 11 月寫於加州亞凱迪亞

前言 四分之一世紀，第二個故鄉

都說在失去之後，才懂得珍惜。

從 1991 年迄今，不知不覺在加州已住了四分之一世紀。最近我常問自己，如果有一天終於要離開此地了，在往後的日子裡和親友提起加州，最令我懷念的，將會是什麼？

*　　*　　*

和加州結緣，最初始於高一暑假，家母帶著我和年僅 8 歲的妹妹參加熱門的美西觀光團。陽光嬌豔，海風徐徐，我看到了舊金山美麗壯觀的金門大橋、精緻古典的維多利亞式建築；目睹洛杉磯迪斯奈的夢幻城堡、環球影城的西部牛仔槍戰、巨大猙獰的大白鯊；還有聖地牙哥海洋世界可愛的海豚和令人驚豔的殺人鯨表演。

當時年紀小，台灣仍處於戒嚴時期，頭髮只能留到髮根，還要小心匪諜就在你身邊。或許正因如此，即使只有短短不到半個月，即使只是純粹的走馬看花，對於第一次踏出國門的我，小小心靈所受到的巨大文化衝擊猶如排山倒海般，處處令人瞠目結舌。一切都顯得那麼夢幻神奇、超炫超酷。十六歲的所見所聞所感，依然歷歷在目，深深烙印在心坎裡。

加州，無疑是我探索世界的第一道窗口，讓我親觸美國這個大熔爐豐富多元的文化，也讓我真切感受到西方世界自由開放的氣息。那金色陽光和涼爽宜人的氣候，更讓人深深著迷。

後來到賓州念研究所，1991 年因外子文堯工作而定居加州。在異鄉生活的我們仍把在台灣熱衷爬山攝影的愛好一起帶來，因此當我們一聽聞美國本土最高的惠特尼峰（Mt.Whitney）就在加州，翌年 1992 便攀上這座高峰，在海拔 4421 公尺的峰頂歡慶自己破了之前在台灣登頂玉山 3952 公尺的記錄。而那似乎意味著，自己人生的視野和俯瞰世界的高度，自此更上一層。

這樣的說法並不誇張。因為就在這片金色之州，我們看到了世上體積最大的樹，世上最高的樹、世上最古老的樹，還有一望無際的天然罌粟花海和沙漠金花。除了美國本土最高峰，西半球最熱的地方「死谷」（Death Valley）和最低點「惡水」（Bad Water）也在加州。加州西側海岸線，從墨西哥國界一直向北延伸至俄勒岡州綿延逾 1300 公里，在此我們看到生平首見的、數不清的象鼻海豹，和一叢叢在此過冬、上萬的帝王斑蝶。

而加州東邊的內華達山脈（Sierra Nevada），其中優聖美地國家公園不但是聯合國指定的世界自然遺產，更是美國「國家公園之父」約翰·繆爾（John Muir）用一生歌頌讚美、捍衛保護之地。舉世聞名的自然攝影大師安瑟·亞當斯（Ansel Adams）以此山谷為家，拍攝了無數曠世傑作。而美國國家公園服務署第一任署長史蒂芬·馬瑟（Stephen Mather）則是道地加州人。加州堪稱全美環保運動的先驅，迄今成立九座國家公園，比阿拉斯加（有八座）還多了一座。更奢侈的是，加州溫和少雨的地中海型氣候，讓你幾乎一年四季都能從事戶外活動。

如果要和全世界媲美，加州一些統計數字就更驚人了：在 2015 年加州 GDP 占全美 13.7%，遠多於第二名德州的 9.1% 和第三名紐約州的 8.1%。倘若加州自成一國，其經濟規模和實力可和大國相提並論，在 2016 年晉升為世界第六大經濟體，僅次於美國、中國、日本、德國、英國，略勝於法國。幅員遼闊加上氣候宜人，加州是全美最重要的葡萄酒產區，產量占全國 90%，總產量僅低於法國、義大利與西班牙，在全球排名第四。更驚人的是，美國有三分之一的蔬菜和三分之二的水果與堅果，均產自加州！

此外，加州人口逾三千七百萬，是美國人口最多的一州，具有最多的選舉人票。加州是美國第三大州，面積 423,970 平方公里，僅次於阿拉斯加和德州，比台灣大 11 倍不止。加州內華達山脈西側橫亙著廣闊肥沃的中央谷地（Central Valley），是全國重要農產區，主要作物包括水果、蔬菜、奶製品和酒。其他如航空、娛樂、影視文化和各種輕工業與服務業也不遑多讓，包括電腦硬體和軟體——引領世界科技尖端的蘋果、谷歌、臉書都在加州。

整體而言，加州不但是美國名符其實的第一大州，也是全球人口最多元文化的地區。再沒有哪個州像加州這麼多樣化，這般精采了。

時光荏苒，曾幾何時，在加州已住了二十五年，比待在台灣的時間還長，加州早已成為第二個故鄉。從一名單純觀光客，晉升到旅居四分之一世紀的異鄉人，從蜻蜓點水式的觀光，到一步一腳印的登山越嶺，住得愈久，對加州的感情和認識也愈加深刻濃郁，早已遠遠超越了年少的自己那僅限於三個城市景點的、相當淺顯的邂逅。

如果有一天，不得不離開此地，而有人問我這片「金色之州」最令人懷念的，或最特別之處，是什麼？我想，除了懷念加州的陽光和新鮮蔬果，我會特別眷戀那些環保先驅們為後代所留下來的，美麗的大自然山水。

我還會說，加州最特別之處，是她正在改變世界。地靈人傑的加州，是一個能讓人夢想成真的地方。

CHAPTER 01

加利福尼亞
共和國

加州中部一號海岸公路沿途，春天野花盛放一景。

「加利福尼亞」名稱的起源

"California" ──「加利福尼亞」這個字是怎麼來的，到底什麼意思，具有什麼意義呢？

自從小時候第一次來到這充滿陽光的金色之州，學著老美唸那種具有抑揚頓挫、音調高低起伏的英文 Ca—li—for—nia，這個不太像是問題的小小問號，便不經意地閃掠腦際。問大人，大人當然不覺得需要說明，因為自古以來一直都這麼稱呼啊！就好比問別人的姓氏，吃飽太閒？

還好在這世界上，仍有其他人跟我一樣存有相似的疑問。一

卡布里洛最先登陸加州之處是聖地牙哥的洛馬景點（Point Loma），圖後方為聖地牙哥市中心。

些學有專精的人還花功夫潛心研究，提供若干可能的解答，得以讓我在很多很多年以後的今天，藉著搜尋翻閱相關文獻設法尋找答案，自行解開心中那埋藏已久的小小謎團。

原來 "California" 這個字，被認為源自於十六世紀初期西班牙廣為流傳的一本浪漫傳奇小說——《伊斯帕藍迪恩的冒險》（Las Sergas de Esplandián，英文譯為 The Adventures of Esplandián）。在公元 1510 年的版本中，作者蒙塔爾佛（Garci Rodríguez de Montalvo）描述一個稱為「加利福尼亞」神祕之島上，只住著美麗健壯的黑女人，沒有男人。此島由卡麗菲亞皇后統治，她們猶如亞馬遜戰士，使用黃金鑄造的器具，擅於馴服古怪野獸，過著自由而與世隔絕的生活。書裡是這麼描寫的：

要知道，在印度的右側存在一個稱為「加利福尼亞」的島嶼，非常接近人間天堂的一側；島上全居住著黑女人，沒有任何一個男人，她們過著亞馬遜般的原始生活。她們具有美麗和健壯的身體，非常勇敢而強壯。她們的島嶼是世界上最強的，具有陡峭的懸崖和嶮崎的岩石海岸。她們的武器用黃金鑄造，並習慣於馴服與駕馭野獸，乘騎的線索也用黃金打造，因為整個島嶼沒有其他金屬，只有黃金。

英譯本原文如下：
Know that on the right hand from the Indies exists an island called California very close to a side of the Earthly Paradise; and it was populated by black women, without any man existing there, because they lived in the way of the Amazons. They had beautiful and robust bodies, and were brave and very strong. Their island was the strongest of the World, with its cliffs and rocky shores. Their weapons were golden and so were the harnesses of the wild beasts that they were accustomed to taming so that they could be ridden, because there was no other metal in the island than gold.

—Las Sergas de Esplandián, (novela de caballería) by García Ordóñez de Montalvo. Published in Seville in 1510.

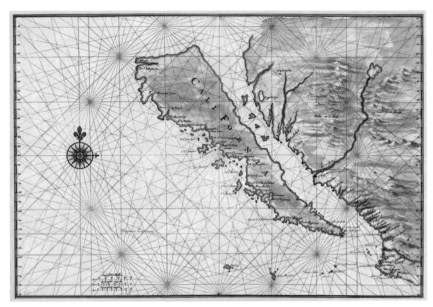

By Johannes Vingboons - Library of Congress, Public Domain.

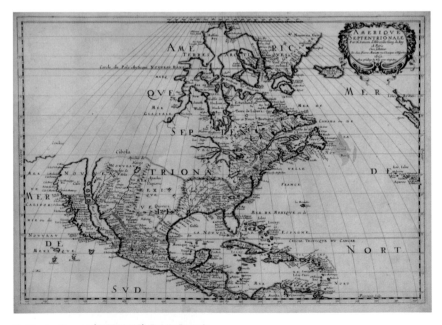

By Nicolas Sanson (1600ñ1667), Public Domain.

十六、十七世紀的手繪古
地圖。 加州曾被探險家們
認為是傳說中的島嶼。

從今日衛星影像看到的下加利福尼亞半島，不難理解加州為何會被誤認為島嶼。Map Courtesy NASA

這個說法為大多數人所接受。那麼，作者蒙塔爾佛又為何會想出 "California" 這樣的名詞呢？有學者認為並非憑空創造，這個詞可能源自於古西班牙文 "Calit Fornay"——意即拉丁文的 "Calida Fornax"，英文意為 "hot furnace" 熱火爐，因為熱帶亞馬遜應該很熱的。或者 "California" 可能意味該島嶼熱得像個石灰窯，因為若從拉丁字根演化的角度來看，calcis → lime 是石灰之意，fornax→ oven 則是烤爐之意。

還有一個論點認為，"Calif"一詞在西班牙文裡意指伊斯蘭社群的領袖。另一種看法，認為是從北美印第安原住民語言 "kali forno"——意即"high mountain"「高山」演變而來，因為加利福尼亞有很多高聳的山脈。不過這種看法很難站得住腳，因為蒙塔爾佛的書在 1510 年就出版了，而最早登陸加州，由羅德里格斯卡布里洛 (Juan Rodríguez Cabrillo) 所帶領的西班牙探險隊，卻是到了 1542 年才登陸今日的聖地牙哥海灣，因此蒙塔爾佛根本無從得知印第安的語言。

十六世紀當西班牙探險隊開始探索太平洋沿岸，對當時的探險隊而言，美西的太平洋岸是很遙遠偏僻的地方，因乏人問津而充滿神祕色彩。那時候的加利福尼亞範圍廣闊，不但包括今日美國的加利福尼亞州，也涵蓋今日墨西哥的下加利福尼亞半島 (Baja California Peninsula)。從前頁地圖 1 & 2 繪製於公元十六、十七世紀的手繪古地圖，與地圖 3 的現代衛星影像互相比對，就不難理解為何當時的加利福尼亞一直被誤認為是個島嶼。

蒙塔爾佛的小說畢竟為西班牙探險隊提供無限想像的空間。公元 1533 年，為了尋找傳說中那個「充滿美女野獸與遍地黃金的島嶼」，寇特茲 (Hernán Cortés) 派遣的探險隊發現了下加利福尼亞南邊地區。1539 年，烏羅亞 (Francisco de Ulloa) 帶領的探險隊一度航行到下加利福尼亞半島的東北角科羅拉多河三角洲，並曾航行至半島西側中部的賽德羅斯島 (Cedros Island)。

西班牙探險隊顯然誤以為這個狹長半島是個大島，而且很可能就是蒙塔爾佛小說裡提到的島嶼，因此就在這幾次航行

在今日聖地牙哥的洛馬景點，建有卡布里洛的紀念雕像。

圖為聖地牙哥海灣的船隻和遠方的市區中心。

中，將「加利福尼亞」之名用於探險記錄上。也難怪十幾年後，當 1542 年卡布里洛在聖地牙哥海灣上岸之際，會宣稱「加利福尼亞島嶼」屬於西班牙王室。而「加利福尼亞」一旦被標示在地圖上，也就這麼流傳下來了。

美西這麼大一塊地被貼上加利福尼亞，而且被誤認為是個島嶼，這個堪稱在地圖繪製史上最著名的錯誤，在十七世紀甚至到十八世紀初葉仍廣為流傳。一直到十七世紀末，耶穌會傳教士兼地圖繪製師尤斯比奧・基諾 (Eusebio Francisco Kino) 在 1698 年至 1706 年在半島的最北端來回做過了多次陸地探勘之後，才得以證實下加利福尼亞其實是一個半島。

北加州的雷伊斯景點 (Point Reyes) 國家海岸區，夕陽輝映中的金色大海與海邊燈塔。

加利福尼亞的海岸長達千里，曾因缺乏良好的天然港灣而被探險家忽略。

二十一座西班牙傳道院

大家都知道美國在公元 1776 年脫離英國而獨立。那麼，你可知道公元 1800 年的北美洲政治版圖，是長成什麼樣子呢？

美國在 1800 年還是個年僅 24 歲的年輕國家。那時美國國土僅包括密西西比河以東的地區，國內並沒有棕熊或加州禿鷹，因為這些北美動物都分布在密西西比河以西的偌大之地——當時分別由法國與西班牙分佔，如地圖 4（右下），當時的美法兩國領土即以密西西比河為界。

1803 年 4 月，美國第三任傑佛遜總統從法國手中買下「路易斯安納領域」(Louisiana Territory)，協議的成交金額為八千萬法郎，折合當時幣值約一千五百萬美金，買下的區域涵蓋整個密蘇里河流域（Missouri River），但實際範圍究竟有多大？當時沒人能確定。今日我們當然能精確算出，路易斯安納領域廣達兩億一千四百四十五萬兩千公頃，那次交易不但將美國國土從大西洋岸擴展至洛磯山脈，而且折算起來，一公頃地只值七分錢。

至於美西這一塊，雖然西班牙王室在 1542 年就宣稱佔有加利福尼亞這偌大區域，但在接下來一百五十五年間，沒怎麼在意、也沒積極去管轄這塊在當時仍算相當偏遠荒蕪的地方，而把重點放在祕魯和墨西哥。遲至 1697 年，耶穌會傳道士才在下加利福尼亞半島興建了第一座傳道院。

十八世紀上半葉，俄國探險家維提斯‧白令 (Vitus Bering) 和阿雷契‧克里可夫 (Alexei Chirikov) 從極北的西伯利亞橫渡白令海峽到北美洲探勘，並在 1741 至 1742 年宣稱阿拉斯加為俄皇領地，接著俄國人繼續南下擴張勢力，俄國和英國的毛皮獵人都航行至今日北加州太平洋沿岸捕獵海獺；而英國航海探險家詹姆斯‧庫克船長更在 1778 年，從加利福尼亞海岸一路向北航行至白令海峽，在地圖上繪出整個太平洋東側海岸線。

在聖塔芭芭拉傳道院的塞拉神父銅鑄雕像。

北美洲在公元 1800 到 1803 年間的政治版圖。Map courtesy of Discovering Lewis & Clark: www.lewis-clark.org

英俄兩國動作頻繁，十八世紀後半葉，西班牙國王查理士三世才終於警覺到，有必要開發更北邊的「上加利福尼亞」（Alta California）並建立永久據點。而決定興蓋傳道院，一方面是政治因素，一方面是宗教因素。若想鞏固上加利福尼亞領土所有權，須有足夠人口才行，但要遷移大批人口是很不切實際的，如能招撫當地的印第安原住民歸化成天主教子民，不啻兩全其美的作法。

公元 1767 年，在墨西哥工作 17 年的西班牙聖方濟教會神父胡尼裴洛・塞拉（Father Junipero Serra）被指派為建造上加利福尼亞傳道院的主要負責人，並在 1769 年——他 56 歲時，隨著西班牙探險指揮官加斯帕・波托拉（Gaspar de Portola）從下加利福尼亞浩蕩北上。他們在 6 月 29 日抵達現在的聖地牙哥，建立今日加州第一座西班牙傳道院及聖地牙哥要塞。7 月 14 日波托拉帶著另一位克里斯匹神父（Juan Crespi）與六十餘名士兵，還有上百頭驢繼續北行，在 8 月 2 日到達今日的洛杉磯，8 月 19 日抵達聖塔芭芭拉，9 月 13 日到達聖西蒙，並在 10 月 31 日發現了舊金山海灣。翌年 1770 年波托拉成為加利福尼亞第一任總督。此時，美國還沒獨立呢。

建於 1786 年的聖塔芭芭拉傳道院，圖中噴水池有兩百多年歷史，後方為重建的新建築。

Spanish Missions Founded
in Alta California

❶ Order of mission establishment

San Francisco Solano
㉑ 1823
San Rafael Arcángel
1817 ⑳
San Francisco de Asis ⑥
(Mission Dolores) 1776
San José
1797
⑭
⑧ Santa Clara de Asis
Santa Cruz 1777
1791 ⑫
⑮ San Juan Bautista
San Carlos Borromeo de Carmelo ② 1797
1770 Nuestra Señora de la Soledad
⑬ 1791
San Antonio de Padua
1771 ③
⑯ San Miguel Arcángel
1797
San Luis Obispo de Tolosa
⑤ 1772
La Purísima Concepción
1787 Santa Inés
⑪ ⑲ 1804
San Fernando Rey de España
Santa Bárbara ⑩ 1797
1786 ⑨ ⑰ ④ San Gabriel Arcángel
San 1771
Buenaventura San Juan Capistrano
1782 ⑦ 1776
San Luis Rey de Francia
⑱ 1798
San Diego de Alcalá
① 1769

0　　　　100　　　　200 Miles

從 1769 到 1823 年由西班
牙聖方濟教會建造的 21
座傳道院分布圖。（By
Shruti Mukhtyar）

　　而在當時算相當高齡的塞拉神父，則將餘生全部奉獻給加利
福尼亞的傳道志業，在接下來 14 年間，共建造了九座傳道
院，被譽為「加利福尼亞西班牙傳道院之父」（the Father
of California's Spanish missions）。為了紀念他的貢獻，
1988 年天主教宗約翰‧保羅二世為塞拉神父宣福。2015 年，
教宗方濟各在訪美期間將塞拉神父晉升為天主聖徒，並追封
為「加州使徒」（Apostle of California）。

　　話說回來，從 1769 一直到 1823 年這 54 年間，西班牙聖方
濟會傳道士和隨隊士兵沿著國王公路（即 El Camino Real，

圖為加州中部的聖米格爾傳道院（Mission San Miguel Arcangel），建造於1797年。

每個傳道院都有其特色，圖為在加州羅姆帕克鎮（Lompoc）磚紅漆色的 Mission La Purisima Concepcion。

英文意指 King's Highway），在加利福尼亞共建造了21座傳道院，如左頁地圖所示。為了方便陸路旅行，大約每隔30英里（即48公里）建一座傳道院，騎馬大概花一天時間就能到達，最南邊的聖地牙哥和最北端的索諾瑪傳道院，兩者距離將近一千公里之遠。而俄國人於1812年在索諾瑪郡海邊建造的羅斯堡（Fort Ross），便成為俄國在美國最南邊的據點。

西班牙傳道士想把當地印第安原住民轉為天主教徒，他們招募新手，讓印第安人住在傳道院，教印第安人說西班牙語，如何耕種作物、織布和其他有用技能，甚至還會教他們如何合唱天主宗教歌曲。所有的傳道院都會試種小麥和玉米，很多還闢建葡萄園以釀酒，並畜養牛羊馬等牲口，但仍無法完全自給自足，需倚賴西班牙王室的經濟支援。

對於那些不肯歸化的印第安原住民，西班牙士兵會不假顏色地粗暴對待。最不幸的是，很多印第安人無法抵抗歐洲的疾病，如天花、麻疹和白喉等流行病，讓許多當地原住民致死。目前無從得知在西班牙人到達之前，加利福尼亞這個區域原來到底有多少印第安原住民，或到底有多少人因被傳染而病死。比較確切的數據是，在那長逾半個世紀的歲月中，大約有八萬印第安人在這些傳道院受洗，而其中被記錄的死亡人數達到六萬之多。

西班牙傳道院最大的特色之一，就是圖中古色古香的鐘牆。

西班牙傳道院待在加利福尼亞的時間並不長。公元 1821 年墨西哥脫離西班牙統治而成為獨立國家，1827 年墨西哥國會通過「驅逐法」（General Law of Expulsion），法案中明訂在西班牙出生者均為「非法移民」，必須離開墨西哥，迫使加利福尼亞傳道院大多數神職人員不得不離去。接下來，墨西哥政府無法也不願繼續維護這麼多座傳道院，在公元 1834 年國會又通過一項「傳道院世俗化」法案（Secularization of the Missions of California），即將所有傳道院「還俗」，改變成非宗教性的用途，並將其建物和土地拍賣。那些賣不掉的，就只好任其荒廢解體。天主教會只保有幾座比較重要的傳道院。

塞拉神父建造了九座傳道院，被譽為「加利福尼亞西班牙傳道院之父」。

公元 1863 年，隔了近三十年之後，林肯總統將所有西班牙傳道院與土地還給了天主教會，但已有很多成為廢墟了。直到二十世紀，人們開始重建這些廢棄的傳道院，其中有四座仍屬於聖方濟會，包括了聖安托尼歐 (Mission San Antonio de Padua)，聖塔芭芭拉 (Mission Santa Barbara)，聖米格爾 (Mission San Miguel Arcángel)，以及聖路易斯雷 (Mission San Luis Rey de Francia) 傳道院。

最漂亮的一座，據稱是由塞拉神父在 1776 年所重建的、位於南加州的聖胡安傳道院 (Mission San Juan Capistrano)，被冠稱為「傳道院之寶」，其間留有塞拉神父做彌撒的小教堂，經過兩百多年之後，迄今仍在使用，是美國國家級歷史古蹟。

圖為文堯幫好友 Phoebe & Paul 在聖胡安傳道院拍攝的訂婚照。

兩百多年後，在聖胡安傳道院仍留有塞拉神父做彌撒的小教堂。

德克薩斯共和國與美墨戰爭

美墨戰爭（Mexican-American War），是美國和墨西哥從1846 年到 1848 年爆發的一場流血戰爭。戰敗的墨西哥將其北部很大一塊領土，包括上加利福尼亞，割讓給美國。但為何原本和平相處的兩國，會突然翻臉開戰呢？

一切都要從德克薩斯共和國（Republic of Texas），即今日美國的德克薩斯州說起。

1821 年墨西哥獨立之際，德克薩斯從西班牙的殖民地，變成為墨國北部省份的一部分。但因在 1820 年代有大批美國人移民至該區，因不滿墨西哥政府種種政策（如廢止奴隸制），德克薩斯人鬧了革命，在 1836 年 3 月 2 日宣布成為一個主權獨立的共和國。當時墨西哥中央集權獨裁者桑塔‧安納將軍（General Antonio López de Santa Anna）立即北上討伐德克薩斯，在阿拉莫（Alamo）之役殲滅了約兩百名德克薩斯人，但在 4 月 21 日今日休士頓附近，卻被山姆‧休士頓將軍（General Sam Houston）帶領的德克薩斯軍隊所擊敗。桑塔‧安納在不得已的情況下，只好承認德克薩斯共和國的獨立。但墨西哥始終不甘願，之後經常威脅要再次出兵征服德克薩斯，再度將之併入領土。

然後是國界問題。德克薩斯共和國東邊的國界，是在 1819 年美國和西班牙簽署的亞當斯—奧尼斯條約（Adams-Onís Treaty）所訂下的，然而南邊和西邊的國界，在其短短的九年國祚中，卻一直和墨西哥爭議不斷：德克薩斯共和國宣稱西南邊是以格蘭德河（Rio Grande）為國界，墨西哥卻認為只有到努艾塞斯河（Nueces River）。

在 1844 年上任的美國總統詹姆斯‧波爾克（President James K. Polk）是一位野心勃勃的擴張主義者，認為美國領土要往西一直通到太平洋。1845 年美國向德克薩斯提出合併案，說如果德克薩斯共和國願意加入美國的話，美國將承認格蘭德河為其西南邊界。1845 年 7 月德克薩斯國會通過

墨西哥的集權獨裁者桑塔‧安納將軍肖像（Oil in canvas by Carlos Paris, Public Domain）。

新墨西哥州的古聖米格爾傳道院 (Old San Miguel Mission) 建於 1598 年西班牙殖民時期。

接受美國提案，於 10 月舉行公投決議加入美國聯邦，並在同年 12 月 29 日成為美國第 28 州。

而墨西哥卻一直認為德克薩斯是一個反叛的省份，其主權和邊界是墨國的內政問題，曾警告美國如果介入的話，兩國勢將引爆戰爭。

於是，主權認同和邊界爭議的問題，演變成美墨戰爭的導火線。

波爾克總統的做法是先禮後兵。他曾私派大使向墨西哥提

在今日新墨西哥州的聖塔菲（Santa Fe）古市區中心仍留有很多西班牙與墨西哥的建築。圖中拍照者為好友 Eva。

案，想購買格蘭德河和努艾塞斯河之間那塊爭議的土地，但被墨國斷然拒絕，於是波爾克就派扎科里・泰勒將軍（Zachary Taylor）前往該區駐守。泰勒奉令渡過了紐埃西斯河，一路進軍到格蘭德河畔並開始建築戰堡。對墨國而言，美國等於非法佔據了既非德克薩斯又非美國的領土，根本是一種軍事挑釁。是可忍，熟不可忍？墨國當然要派兵攻擊，捍衛國土。

1846 年 4 月 24 日戰爭正式爆發。墨西哥派兵進攻俘虜一支美國部隊，繼續沿著格蘭德河攻擊美國戰堡。邊界衝突爆發，波爾克正中下懷，向國會要求對墨西哥宣戰，宣稱「墨西哥跨越了邊界入侵美國領土，在美國土地上撒了美國人的血」，用很民粹的語言來煽動美國的民情。5 月 13 日，美國國會向墨西哥宣戰。墨西哥國會在 7 月 7 日正式向美國宣戰。

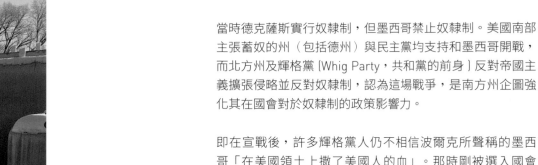

當時德克薩斯實行奴隸制，但墨西哥禁止奴隸制。美國南部主張蓄奴的州（包括德州）與民主黨均支持和墨西哥開戰，而北方州及輝格黨〔Whig Party，共和黨的前身〕反對帝國主義擴張侵略並反對奴隸制，認為這場戰爭，是南方州企圖強化其在國會對於奴隸制的政策影響力。

即在宣戰後，許多輝格黨人仍不相信波爾克所聲稱的墨西哥「在美國領土上撒了美國人的血」。那時剛被選入國會眾議院的亞伯拉罕·林肯，還說 "Show me the spot"，提案要求波爾克把美國人的血撒到的地點具體列出。亨利·梭羅〔Henry David Thoreau〕將其反戰理念化為具體行動，反對政府拿納稅人的錢去打仗，因拒絕繳稅而被抓去監獄關了一天，之後並寫下著名的「公民不服從論」〔Civil Disobedience〕。

結果美國在此次戰爭中幾乎所向皆捷，取得一連串勝利，最後還直搗黃龍，攻下墨國首都墨西哥市。1848 年 2 月 2 日美墨簽訂瓜達盧佩條約（Treaty of Guadalupe Hidalgo），為美墨戰爭劃下了句點。在此條約中，美國同意支付墨西哥一千五百萬美元做為補償，而墨西哥原本欠美國三百多萬美元也一筆勾銷，總計美國補償墨西哥 $18,250,000 美元。墨西哥則將當時的上加利福尼亞與今日的內華達州、亞利桑那州、新墨西哥州、科羅拉多州與懷俄明州的部分地區正式割

在洛杉磯市區中心的老街，仍能看到賣著墨西哥國旗和眾多紀念品的商店。

反對美國對墨西哥發動戰爭的亞伯拉罕·林肯，當時剛被選入國會眾議院（圖片提供 Library of Congress）。

亨利·梭羅因反戰而拒絕繳稅，被抓去監獄關一天，之後並寫下著名的「公民不服從論」〔By Samuel W. Rowse. Public Domain〕。

美墨戰爭歷史手繪圖。(By J. Cameron, Hand tinted lithograph, Library of Congress)。

美國溫菲爾德史考特將軍攻陷墨西哥首都墨西哥市的示意圖。(by E.B. & E.C. Kellogg, Library of Congress's Prints and Photographs division)。

讓給美國，如下方地圖標示的白色部分。美墨兩國的國界首次明訂，戰敗的墨西哥失去了將近三分之一國土，看了都讓人感到心疼，也難怪墨西哥對美國自此始終懷恨在心。

波爾克總統如其所願，將美國疆域擴張至太平洋岸，加州也正式被納入美國國土——而且好巧不巧，就在美墨簽訂合約的幾天前發現了金礦。戰勝的美國在西部和南部獲得廣大領土，形成一股愛國熱潮，泰勒將軍旋即成為蓋世英雄，並於1848 那年當選為總統。但這個戰爭在美國一直具有高度爭議，美國士兵死了一萬三千多名，墨西哥估計死了兩萬五，多了將近一倍。而戰爭所造成的財產損失更是難以估量。

最嚴重的是，這場戰爭加劇了北方與南方對於奴隸制等諸多問題的爭議，導致日漸加深的對立，最終造成美國 1861 ～ 1865 年血腥的南北戰爭，估計至少七十五萬美國士兵陣亡。不過，這已經是題外話了。

美墨戰爭後戰敗的墨西哥割讓將近三分之一國土給美國，如圖中白色部分。
By United States federal government, Public Domain.

曇花一現的「加利福尼亞共和國」

在加州這邊商店裡曾看過印著 "California Republic" 字樣的盤子杯子，起初不以為意，直覺認為是純粹好玩的圖樣設計。後來才知道，原來在加州歷史上真的曾經存在一個「加利福尼亞共和國」！

「加利福尼亞共和國」，是在 1846 年 6 月美墨戰爭期間，為加州的熊旗反叛軍（Bear Flag Revolt）所建立的，但很短暫，前後只維持不到一個月的時間，便臣服於美國聯邦軍隊。今日加州州旗上的一顆星和一隻棕熊，便是從「熊旗」演化而來的，並刻意保留當時 "California Republic" 的字樣。

熊旗反抗軍成立加利福尼亞共和國，圖為威廉‧沓德（William L. Todd）設計的熊旗。（Public Domain）

而之所以要建立「加利福尼亞共和國」，一切要從美墨兩國的緊張關係開始說起。墨西哥對移民的規定，向來是只要歸化成為墨西哥公民，就能擁有土地。1845 年，上加利福尼亞仍屬於墨西哥領土，墨國預料到即將和美國開戰，便開始拒絕批准美國移民進入加利福尼亞，而且墨國政府還進一步下令，要求加利福尼亞官員對於那些已經住在加利福尼亞的「非公民」，不得批准他們的土地所有權和買賣，甚至連土地租借都不行。那些未經正式批准、就擅自進入加利福尼亞的美國移民，還面臨被官方驅逐出境的威脅。

真是百年風水輪流轉。今日早已換成墨西哥的非法移民要被美國政府驅逐出境，2016 的美國總統候選人川普經常口不擇言，還誇口說要墨西哥單方面出錢，負責在美墨邊界上築一道類似長城般的牆，防堵墨國自己的人民呢。

言歸正傳，因身家受到威脅與不合理待遇，在 1846 年 6 月 14 日，三十幾名美國移民（主要為盎格魯撒克遜白人）在上加利福尼亞揭竿起義，反對墨西哥政府。其實美國在那年的 5 月 13 日就已對墨西哥宣戰，但加利福尼亞人卻渾然不知發生了這麼大的事，直到將近兩個月之後，到 7 月中旬開戰消息才被證實。

這些所謂的「叛亂份子」只選出指揮軍官,並沒建立起任何公民組織。他們拿下了索諾瑪郡的小駐軍站,捉獲墨西哥將領馬利安諾‧瓦列霍 (Mariano Vallejo),並在索諾瑪的駐軍站升起了加利福尼亞共和國的「熊旗」,因而被稱為熊旗反叛軍。旗幟上印著 "California Republic",表明他們想為加利福尼亞成立共和政府的願望。

就在熊旗升起一週之後,美國陸軍中校約翰‧弗里蒙特 (John C. Frémont) 在 6 月 23 日從奧勒岡南下進駐索諾瑪。7 月 5

美墨戰爭,美國軍隊從北加開始登陸征服,圖為北加海岸 Point Reyes Nat'l Seashore。

日，加利福尼亞共和國的成員被弗里蒙特招撫，納入他所指揮的加利福尼亞軍隊一起對抗墨西哥。7 月 7 日美國海軍將領約翰‧斯洛特（John D. Sloat）抵達並佔領舊金山灣，升起美國國旗。兩天之後，索諾瑪的熊旗在 7 月 9 日也換上了美國國旗，成立不到一個月的「加利福尼亞共和國」正式告終。這個年輕的共和國首任和唯一的總統是威廉‧艾迪（William B. Ide），任期僅有 25 天。

接下來，美國軍隊輕易拿下了北加利福尼亞，短短幾天內就掌控了舊金山、蒙特利、索諾瑪、和沙特堡（Sutter's Fort）。至於南加利福尼亞，當美國軍隊指揮官羅伯特‧司托克頓（Robert F. Stockton）率領軍隊進入洛杉磯時，墨西哥將領和州長都已經先逃走了，因此加州的美墨戰爭，在幾乎沒有流血的情況下便已接近勝利的尾聲了。

從陸地移民到加州的盎格魯薩克遜白人所用的馬車，在今日死谷可見到展示。

弗里蒙特中校招撫熊旗反
叛軍，在美墨戰爭共同抵
抗墨西哥。

1847 年 1 月 13 日，美國弗里蒙特中校和墨西哥總督安德烈斯·皮科（Andrés Pico）在今日洛杉磯的好萊塢北邊簽署了卡胡恩加條約（Treaty of Cahuenga），這不是兩國之間的正式條約，而是兩個對立軍隊的停戰協定，美墨戰爭在加利福尼亞的戰火至此正式停息。條約中聲明，只要不再武裝反抗生事，並遵守美國的法律和規定，墨西哥籍的加利福尼亞人可選擇留下來歸化，享有和美國公民同樣的權利，或選擇平安返回墨國。

幾乎所有住在加利福尼亞的墨西哥人都選擇歸化成為美國公民，包括墨西哥總督皮科。有趣的是，皮科後來還成為加州州議員，繼而代表洛杉磯成為州參議員。

加州的州旗便是從熊旗演
化而來，並保留「加利
福尼亞共和國」字樣。
(By Devin Cook, Public
Domain.)

圖中戰船完成於 1843 年，
在美墨戰爭中為美國海
軍的戰鬥主力 (Photo by
John S. Johnston, Public
Domain)。

公元 1849 年的淘金熱

加利福尼亞的淘金熱，是從北加州的沙特磨坊（Sutter's Mill）開始的。1848 年 1 月 24 日，詹姆斯·馬歇爾（James Marshall）為雇主約翰·沙特在美國河畔建造的木材廠附近小徑上，發現了閃亮的金屬。馬歇爾把他的發現拿給沙特看，兩人經測試後證明是黃金。沙特不但沒有欣喜若狂，還覺得有些失望兼恐慌，表示要避免讓別人知道這件事，因為他原本打算建造一個農業王國，如果大家一股腦兒都跑到他的土地上尋找金塊，他無法想像那將會是怎樣的後果。

然而，消息仍不逕而走，謠傳滿天飛。不到兩個月，1848 年 3 月舊金山報紙就證實真有其事，在 8 月東岸紐約報紙也刊載了加利福尼亞發現金礦的消息。於是在 1849 年，一波又一波移民從世界各地蜂湧而至，後來被稱為「49 人」（forty-niners）。沙特害怕擔心的事果然發生了，他僱的工人都離開去尋找金礦了，他的土地不由分說的被人強佔，他的農作和牲口也經常被偷，他原先構想的農業藍圖也被毀了。

在淘金熱發生之前，舊金山只是一個很小的移民鄉鎮。當居民得知金礦的發現，所有人都一窩蜂去找金礦，舊金山曾有那麼一陣短暫時期，因街上很多商店關門、岸邊盡是棄船而變成了鬼城。但很快地隨著大批新移民湧進，商業活動開始熱絡起來，自此欣欣向榮。舊金山人口在 1848 年約莫僅有一千人，到了 1850 年瞬間增至兩萬五千個居民。

這般人潮蜂湧而至的現象，被認為是有史以來「首次世界級的淘金熱」。就這麼想吧。前幾個月台北的北投出現寶可夢罕見的「快龍」，形成一股「捉龍」人潮擠爆狹窄街道，還被時代雜誌譏諷為「世界末日的景象」。而那還只是虛擬世界的神奇寶貝，現實社會並不存在的、可有可無的寵物。如果今天出現的是可讓人一夜致富的黃金，又將會是何等景象呢？如此就不難想像加州的淘金熱有多夯，為何會吸引全世界這麼多人前來淘金了。中國人也從 1849 年遠渡重洋來此淘金，舊金山的「金山」就是這麼來的。

所以稱為「淘金」，因為就是這麼個「淘法」。

1859 年由瓦特曼・柏帝 (Waterman S. Body) 在內華達東側山麓發現了金礦。當好景不再，人去樓空卻成了鬼城。

然而，當時加利福尼亞仍屬「遙遠偏僻的化外之地」，甚至還不是美國的一州，要抵達這個傳說中的黃金產地可謂困難重重，並非易事。東岸的淘金者若選擇坐船繞過南美洲最南的麥哲倫海峽再北上，長達三萬三千公里航海行程要花上五到八個月的時間。另一替代方案是先航行到巴拿馬，改划獨木舟或騎驢一週到太平洋岸（當時還沒有巴拿馬運河），再坐船北上舊金山。也有很多淘金客用馬車攜家帶眷，從東岸千里迢迢橫越美洲大陸。不管用什麼方式，這些旅途中都充滿未知的危險，如觸礁翻船、或不幸染上傷寒或霍亂等疾病，淘金客須帶著破釜沉舟的勇氣，冒著生命危險孤注一擲。

圖為柏帝鬼城一景。該區全盛時期人口將近一萬，今日鬼城成為國家級歷史古蹟。

說個真實的故事。1849 年 12 月，在那缺乏地圖的時代，一群來自中西部的淘金客攜家帶眷駕著馬車，為了尋找通往加州的捷徑而誤入死谷（Death Valley），數十人被迫紮駐在今日的火爐溪附近。不知身在何處，加上糧食短缺，他們發現唯一能活下去的辦法，是在原地等待救援。

他們派出兩名體力最好的年輕人——曼利（William L. Manly）和羅傑斯（John Rogers）出谷求救。兩人拚命趕路，徒步向西翻越了崇山峻嶺，以為幾天就到了，卻不知最近的城市洛杉磯距離三百多公里遠，他們花了將近兩個星期才走到。

沒有歇息片刻，曼利和羅傑斯帶著救援糧食與馬匹又急忙上路。當他們馬不停蹄千辛萬苦再重返死谷時，前後已超過二十五天。那些等不及他們歸來而自行出走者，終究熬不過沙漠炙烤而不幸陳屍荒野。留在原地等待的人，不管是拆馬

從 1877 年至 1880 年全盛時期，柏帝儼然成為加州第二或第三大城鎮。

在柏帝產出的金礦，估計將近三千四百萬美元。

車當柴炊，或將馬匹殺了裏腹，總算安然活了下來。劫後餘生的這群人離開死谷時，有人回頭瞥望這片荒漠最後一眼，並感慨萬千地說：「再見吧，死谷！」「死谷」之名因而誕生，並百年流傳下來。

還好這故事發生在冬季，是死谷氣候最宜人之際。若換在七、八月盛暑，此區白晝高溫動輒衝上攝氏四十五度，說不定羅傑斯與曼利一開始根本就無法順利橫跨死谷。

金、銀、銅三種金屬是淘金客最企盼找到的。死谷淘金熱始於 1850 年代，是 1849 年虎口餘生那群人裡，有人堅稱在出谷途中發現一小塊純銀所致。聞聲而至的尋夢者前仆後繼，但其中最奇特的可能是艾倫・溫特斯 (Aaron Winters) 發財的故事。

話說溫特斯和太太蘿西住在死谷東側一間簡陋小屋，花了幾年功夫踏遍死谷及附近地區尋找金銀影子，卻毫無所獲。1881 年某天晚上，一位陌生人叩門投宿，閒聊時提到內華達州有人發現硼砂 (borax) 而賺了大錢。陌生人拿出未經提煉的硼砂給這對夫妻看，說明測試方法是用硫酸與酒精與之混和，若燒出綠色火焰就是硼砂。

溫特斯之前從沒聽過這東西，卻記得在死谷那裡看過類似的白棉球晶體。陌生人一走，這對夫妻立刻進谷尋覓，幾天後他們果然在火爐溪北側發現遍地白棉球礦物。迫不急待點燃混和物，溫特斯歡呼大叫：「是綠色火焰！蘿西，我們發財了！」沒多久，溫特斯便以兩萬美金高價將這秘密賣給太平洋硼砂公司。

一百多年前的兩萬美金，是多麼可觀的數字啊！溫特斯夫婦到內華達州買下一座牧場終老一生。今日死谷的和諧硼砂場 (Harmony Borax Works) 便是溫特斯致富的「秘密」所在。而太平洋硼砂公司克服運輸問題，用二十驢隊 (Twenty Mule Team) 將精煉過的硼砂運往兩百五十公里外的火車站，從1883 年至 1888 年共運出一千兩百萬噸硼砂，成為死谷礦業中最成功的實例之一。

話說回來，加利福尼亞淘金熱對加州人口成長的影響，比任何一個時代都來得深遠。從 1849 到 1855 短短幾年間，估計至少有三十萬移民來此。同一時期，道路、學校、教堂、市鎮與民間組織等相繼興起。人口急遽增加，對食物的需求大幅成長，也積極促進了農業發展，大型農牧業儼然成為加州第二波「淘金熱」。

就在淘金熱發生的翌年，加利福尼亞在 1850 年 9 月 9 日正式成為美國聯邦第 31 州。

1851 年淘金熱時期金山港灣擠滿了船隻。（圖片提供 Library of Congress）。

今日死谷的和諧硼砂場便是溫特斯致富所在。而太平洋硼砂公司用二十驢隊解決運輸問題。

在死谷國家公園仍能見到
淘金熱時期留下的殘垣斷
瓦。

成為美國人口最多的一州

儘管加利福尼亞在公元 1850 年就成為聯邦一州，卻因地理位置偏遠，加上當時交通不便，在接下來近二十年間一直處於孤立狀態，彷彿只是太平洋岸的前哨。直到 1869 年，第一條橫貫大陸鐵路 (First Transcontinental Railroad) 興建完成，才把加州與美國大陸其他的地區連接起來，對於加州政治、經濟、社會文化等各方面發展具有十分深鉅的影響。

亨利・漢庭頓可說是二十世紀初期洛杉磯城市發展的主要推動者。圖為漢庭頓圖書館。

說到鐵路，就不能不提一下加州四大巨頭 (The Big Four)，分別是利藍‧史丹佛 (Leland Stanford, 1824–1893)、科利斯‧漢庭頓 (Collis P. Huntington, 1821–1900)、馬克‧霍普金斯 (Mark Hopkins, 1813–1878)、以及查理斯‧克羅克 (Charles Crocker, 1822–1888)。他們合資建造了中央太平洋鐵路 (Central Pacific Railroad)，即橫貫大陸鐵路的西段路線——從加州到猶他州這一部分。接著 1876 年南太平洋鐵路 (Southern Pacific Railroad) 竣工，與另一條聖塔菲鐵路 (Santa Fe Railroad) 相繼啟用，便利的交通促成加州人口急速增長。

此四大巨頭從 1870 到 1890 年代，主導加州政治和經濟，其中史丹福在 1861 年被選為加州州長，做了一任後，並從 1885 年起做了八年加州參議員，還身兼中央太平洋和南太平洋鐵路公司總裁；克羅克負責工程建設，是鐵路施工總監；霍普金斯以節儉著稱，說能從每一塊美金擠出 106 分錢，是公司財務出納總監；漢庭頓負責政治遊說與公關人脈，因被揭露用錢賄賂收買很多政客和國會議員而成為最被討厭的一位。

值得一書的是，科利斯‧漢庭頓的侄子亨利‧漢庭頓 (Henry E. Huntington) 也是鐵路大亨，堪稱青出於藍。亨利在洛杉磯的聖馬利諾市創建了漢庭頓圖書館 (Huntington Library)、藝術收藏館和植物園，自 1901 年起，他以洛杉磯第 6 街和主街 (Main Street) 為中心，開始建造太平洋電力火車系統 (Pacific Electric Railway，簡稱 PE)，從市中心往四方郊區延伸，在當時也稱「紅車」系統，為乘客提供 24/7 不打烊的便利服務，這是一般火車所無法企及的。到 1910 年漢庭頓的電車系統加起來長達兩千一百公里，在全盛時期，此系統有二十多條路線、超過一千兩百輛電車在運轉，最東邊路線還鋪到一百多公里外的紅土鎮 (Redlands) 的山上豪宅區，如下頁地圖所示，注意地圖上印著 "Largest Electric System in the World" 字樣，PE 號稱為當時世界上規模最大的電車系統。

在那個馬車逐漸沒落、汽車尚未普及的時代，電車連結了市中心與外圍城鎮，成為當時南加州最主要的大眾運輸工具。

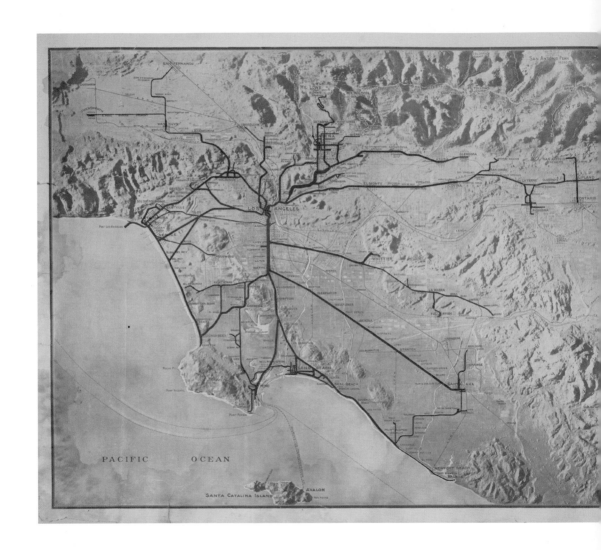

亨利‧漢庭頓在二十
世紀初葉建造的 PE 電
車系統,號稱當時世
上規模最大的。(Map
of Pacific Electric rail
routes,1920 By Smith, O.
A, Cartographer, Public
Domain.)

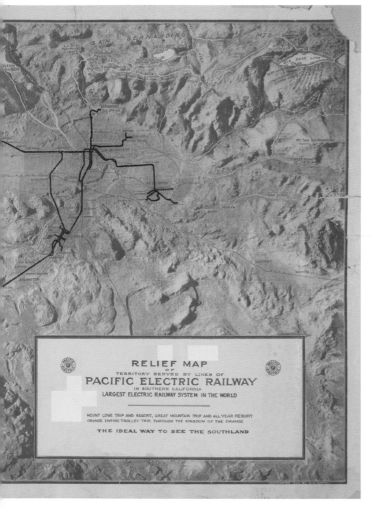

PE 電車系統的火車均漆
成 紅 色,也 稱 紅 車 (Red
Car) 系統。(By Oleknutlee
- Oleknutlee, Public
Domain.)

而交通便利之地，房價也會跟著漲，就像今日台北捷運。亨利·漢庭頓為了建造電車系統而購置了很多土地，進而投資房地產業，譬如漢庭頓海灘（Huntington Beach）那一大塊地，就是漢庭頓先把電車鐵軌鋪到那兒，再興建高價位的濱海住宅區。電車利潤有限甚或賠錢都沒關係，房地產開發卻為他帶來極為可觀的財富。

到了 1930 年代末期，因市區交通堵塞日益嚴重，當時很有影響力的南加州汽車協會（Automobile Club of S. CA）提出一套詳盡規劃，要在洛杉磯興建一個高速公路系統，並拆除有軌電車線，改用可在快速道路和地區街道通行的巴士。隨著公路相繼興建，PE 電車終於在 1950 年代初期停駛。短視近利、缺乏遠見，加上 GM 通用汽車陰謀得逞的結果（即逐步買下主要城市的有軌電車然後拆除，以公車取代，接著用減班、路線停駛等手段消滅大眾運輸系統，迫使民眾買私轎車），導致今日洛杉磯到處都是高速公路，公共運輸並不發達，沒車就像沒腳，並未建立起一套像紐約、東京或巴黎等國際大都會那般完善的地鐵系統。

無論如何，亨利·漢庭頓可說是二十世紀初期洛杉磯城市發展的主要推動者。「洛杉磯」的英文名稱 "Los Angeles"，是源自西班牙州務官尼夫（Felipe de Neve）在 1781 年 9 月 4 日從墨西哥徵募 11 個家庭遷居此地，成立「天使皇后之城」（El Pueblo de Nuestra Senora la Reina de Los Angeles，英文意指 "the City of the Queen of the Angeles"），洛杉磯一詞由此誕生。

很難想像，在 1920 年代，洛杉磯的人口便超越了舊金山，成為加州最大的城市。

二次大戰期間，全國經濟景氣蕭條，洛杉磯坐擁的造船廠與海港，以及上千億美元聯邦國防預算，使它一枝獨秀欣欣向榮。至 2016 年洛杉磯大都會區人口超過一千八百萬，在全美排名第二，僅次於紐約大都會區，並擁有全美最多的西班牙裔與亞裔人口。這樣的民族熔爐中，交織的文化因子與勇於開創的移民精神，塑造了具有百樣風貌的天使之城。

漢庭頓圖書館偌大園區內，隨處可見的藝術收藏品。

PE 最東邊路線還鋪到一百多公里外的紅土鎮（Redlands）山上豪宅區。

而今日加州第二大城聖地牙哥〔San Diego〕，也拜賜於第二次世界大戰日本偷襲珍珠港，美國被迫將太平洋海軍總部從夏威夷遷至聖地牙哥的天然港灣，因而促進了各工商業與居住人口急速成長。如今聖地牙哥已成為美國西岸最大的海航基地，並且是海軍太平洋艦隊指揮總部。聯邦的國防與航太設備等相關工業，為其經濟發展最重要的推動力，其次為觀光業、農業、電子與生化科技等。

至於整個加州人口，從 1900 年不到一百五十萬人，至 1965 年已發展成為美國人口最多的一個州。2016 人口估計超過三千九百萬，佔全美 12%，在美國總統大選中具有最多的選舉人票。不但早已成為美國的農業大州，也是美國科技重鎮與影視文化中心。

漢庭頓圖書館園區內的植物園，連莫哈維沙漠特有的約書亞樹都看得到。

CHAPTER 02

環保運動
的先驅

優勝美地在 1864 年南北戰爭期間由林肯總統簽署，成為美國第一個由聯邦立法保護的州立公園。

第一座由聯邦立法保護的公園

可能很多人都知道，黃石（Yellowstone）公園成立於 1872 年，是全美國也是全世界首座國家公園。但是，或許很少人知道，美國第一座「由聯邦立法保護」的公園，並非黃石，而是位於加州的優勝美地山谷（Yosemite Valley）。

話說 1849 年加州的淘金熱，吸引大批白人不斷湧入，和印第安原住民的衝突也日益嚴重。但當時白人並不曉得優勝美地為何。直到 1851 年薩維奇少校（Major James Savage）為了征討深山裡的印第安原住民，帶領政府軍隊深入內華達山脈（Sierra Nevada，或稱雪山山脈）。

那是在無情的煙硝戰火中，一個意外的發現。

儘管之前多少聽到一些謠傳，但當他們沿著瑪瑟河谷首次踏入優勝美地山谷時，面對眼前那超乎想像的美麗景致，都驚訝得說不出話來。那時正值春天三月融雪之際，可以想見，山谷清澈溪流湍急，萬丈銀瀑奔騰、陡峭崖壁高聳，縹渺雲霧繚繞。目睹那不似在人間的仙境，隨隊的布乃爾醫生甚至情不自禁感動得熱淚盈眶。

絕世美景恰如其名。這大自然的聖殿，美到今日的蘋果電腦都拿「優勝美地」來幫新一代的作業系統命名。

優勝美地山谷自此被白人發現，並公諸於世。當時幾位舉足輕重人物，例如具雄辯口才的牧師湯瑪斯·史塔金恩（Thomas Starr King）以及知名的景觀建築師佛雷德里克·奧姆斯德（Frederick Law Olmsted）均主張將優勝美地保護起來，力促加州參議員約翰·康納斯（John Conness）設法在國會動員提案。

今日翻開優勝美地的地圖，就會發現上述這些保育先驅們的名字，都已成為公園著名地標——如「史塔金恩山」（Mt. Starr King）、「奧姆斯德景點」（Olmsted Point）、「康納斯

二月下旬的馬尾瀑布，因夕陽照射的角度而幻化為「火瀑」，此奇景在其他月份是看不到的。

山」（Mt. Conness），均為了紀念他們對公園成立的貢獻。
此外「瓦特金斯山」（Mt. Watkins）是為了紀念卡里頓·瓦
特金斯（Carleton Watkins），他替優勝美地拍攝的照片，在
華府發揮了極大的影響力。還有一座「柏羅德里克山」（Mt.
Broderick），是為了紀念畢生反對奴隸制度的加州參議員
David C. Broderick。

經過這些有識之士的共同努力，林肯總統於 1864 年 6 月 30
日簽署法案將「優勝美地山谷」與「瑪利波沙巨木群」這兩
個地區劃為公共財，並交由加州政府負責保管成立一座「州
立公園」，以供一般大眾休閒與遊憩使用。

這堪稱有史以來，一個景色優美的原始曠野「純粹因其自然
景觀價值」，由聯邦政府直接立法保護該區不被開發破壞，
並讓所有人們都有平等的機會親近之、共享之。

四月下旬，優勝美地山谷
因融雪而水量充沛的瑪瑟
河，以及河岸盛放的白色
山茱萸。

優勝美地的保護運動風潮,對於八年之後黃石國家公園的成立,不啻有關鍵性的影響。

「第一座由聯邦立法保護的公園」本身已足以令人側目了。但如果把這件事擺在當時美國整個大環境來看,就會發現它的意義更加非比尋常。

怎麼說呢?

因為 1861 ~ 1865 年正值美國南北戰爭之際,而優勝美地州立公園是在 1864 年成立的。

換句話說,在南北內戰時期,在那麼動蕩的社會背景下,還能設立這種史無前例的、關於「自然景觀保護」的法案,不但突顯了當時決策者重視人民長期福祉,所具有的高瞻遠矚與執行魄力,在保育史上更具有承先啟後的劃時代意義。

就這麼想吧,如果台灣發生南北內戰,那些握有權勢的居高位者,有誰還會關心要不要在哪裡成立一座公園呢?

優勝美地是全美首座由聯邦設立的公園,並在 1890 年成為美國第三座國家公園。美國的第二座國家公園則是巨杉 (Sequoia) 國家公園,無獨有偶也在加州。因為繼上述先賢之後,加州又出現了一位影響更深鉅的保育先驅——約翰‧繆爾 (John Muir)。

由「奧姆斯德景點」遠眺半圓穹頂的東北側,此景點是為了紀念保育先驅 Frederick Law Olmsted。

國家公園之父：約翰 · 繆爾

第一次看到「約翰 · 繆爾」這個名字，是在優勝美地國家公園的地圖上，有一條貫穿公園的「約翰 · 繆爾步道」（John Muir Trail）。這條全美著名的步道起自優勝美地山谷，由北到南經過了國王峽谷和巨杉國家公園（Kings Canyon and Sequoia National Park），一直延伸到惠特尼峰（Mt. Whitney ——海拔 4421 公尺，是美國本土四十八州內最高峰）。步道全長達 338 公里，約和台灣中央山脈 340 公里的長度相當。

這麼長的步道，就用他一個人的名字命名，而且所經之處都是加州最具代表的天然地標，不用猜也知道，繆爾一定是對當代具有重大的貢獻、非常特別的人。

繆爾被後世譽稱為「美國國家公園之父」，起先我並不太明白為什麼，因為繆爾首次踏訪優勝美地是在 1868 年——是優勝美地成為州立公園的四年之後。而當黃石在 1872 年成為國家公園時，繆爾才剛開啟自然寫作生涯，而且寫的是加州雪山山脈，顯然和黃石國家公園的成立也沒有直接關係。

那麼，何以繆爾會被冠上「美國國家公園之父」這般至高的殊榮呢？一切要從早年說起。繆爾生於 1838 年 4 月 21 日蘇格蘭丹巴鎮（Dunbar），11 歲隨全家移民美國威斯康辛州，童年農場生活鍛鍊他吃苦耐勞的精神，並培養他觀察大自然的興趣。1867 年在工廠發生意外使他差點失明，他毅然辭去工作，開始浪跡天涯，從美國中西部到佛羅里達到墨西哥灣，徒步千餘里。1868 年他來到加州的優勝美地，讚嘆道：「內華達山脈被稱為『雪之山脈』實不足以形容其美，應取名為『光之山脈』（the Range of Light）……這是我所見過的，最神聖美麗的山脈。」從此，加州成為他畢生的故鄉。

在「光之山脈」那麼多的崇山峻嶺中，繆爾對優勝美地情有獨鍾。他曾描述道：「雄偉的半圓穹頂（Half Dome）與深峻峽谷，向上伸展的濃蔭森林，連綿壯闊的雪白山巔映著天

被譽為「國家公園之父」的約翰 · 繆爾，在 1907 年的寫真。（圖片提供 National Park Service）

優勝美地著名的「半圓穹頂」(Half Dome)，繆爾曾說，即使目光掠過了瀑布、草原...也會情不自禁一再回頭欣賞。

際，每一景都燃燒著眩目耀眼之美，如火焰般散發熱力，向四面八方輻射……。我此生從未見過如此壯麗的景色，我在迸發的狂喜中，忘情地高聲喊叫、手舞足蹈。」

他還說：「沒有任何一座人造的教堂可以和優勝美地媲美。在它牆壁上每一塊岩石似乎都閃耀著生命之光。」特別是那座半圓穹頂，繆爾形容它猶如一個生命體：「即使目光掠過了瀑布、草原、甚至遠處的山峰，也會情不自禁一再回頭欣賞她。」

在優勝美地居住多年，繆爾曾幫人放牧、當木匠、嚮導、臨時工等，一有閒暇便去爬山，藉自修與實地觀察，從1874年起發表「內華達山區研究」一系列文章。當時僅有

優勝美地山谷和瑪利波沙巨木群被劃為州立公園，周圍地區
絲毫未受到保護。繆爾眼見森林被濫砍、草原過度放牧、礦
產不當開挖，山區環境日趨惡化，遂在《世紀》（Century）
雜誌發表多篇報導，先描述優勝美地的山川、草原、峽谷、
巨杉等詩畫之美，再將附近山區被破壞的情形公諸於世，主
張優勝美地的所有水源地都須保護起來，疾聲呼籲成立國家
公園之必要。

《世紀》雜誌當時訂戶已有二十萬，不乏社會菁英份子，其
發揮的影響力可想而知。1890 年國會終於通過法案，將優
勝美地設為美國第三座國家公園。

而這只是開始。為了監督新成立的優勝美地國家公園，繆爾
和友人們在 1892 年共同成立「山岳社」（Sierra Club），宗旨
是「為荒野盡心力，使山岳光輝明媚」。

繆爾擔任山岳社的首任社長，一直到 1914 年去世為止。除
了優勝美地國家公園，他對於加州巨杉（Sequoia）在 1890
年成為美國第二座國家公園、華盛頓州雷尼爾山（Mount
Rainier）在 1899 年成為第四座國家公園、亞利桑納州的化
石森林（Petrified Forest）在 1906 年成為國家紀念地、以及
大峽谷（Grand Canyon）在 1908 年成為國家紀念地等多處保
護區的設立，繆爾和他所帶領的山岳社都有直接的貢獻。

內華達山脈的奇薩吉湖
（Kearsarge Lake）成排山
峰，如同繆爾所形容的
「光之山脈」（the Range
of Light）。

讓陽光灑在心上

「讓陽光照在我們心上，而非身上。河水穿流過我們身軀，而非從旁流過。」

"The sun shines not on us, but in us. The rivers flow not past but through us."

這可能是繆爾最為世人所知的名言之一了。他一生發表過三百餘篇文章，共寫了十本書。終生獻身保育運動，崇尚儉樸生活與心靈再造，其自然思想深受梭羅和愛默森的影響，但繆爾是用苦行僧的方式在曠野孤寂中悟道，形成自己獨特的思想體系。他一生足跡遍佈全球，走過的地方遠比兩位先哲來得多。

「回到山裡，就像回到了家；曠野是生活所必須。」對繆爾而言，大自然是啟發思考、淨化人心的神聖殿堂，而自然之美是生命中所不可或缺的力量泉源，因為「每一個人需要美不亞於麵包，需要有地方遊憩與祈禱，讓大自然得以平復其創傷，振作其精神，賦予肉體與靈魂力量。」

多年山居生活，繆爾觀察到萬物關係是如此緊密相連，牽一髮而動全局。他痛恨人類不知節制貪婪開發，看待大地只想到潛在經濟價值，完全罔顧荒野存在的必要，忽略自然之美對人類性靈的陶冶。

從山中歸來，繆爾知道他所擔負的使命是教人如何欣賞自然之美。他希望能將觀光客變成徒步者。親觸高山草原與岩石，他發現了真正的財富，而他也樂於分享這樣的財富。他相信通往知識之路是實地觀察，而非僅有學術研究；因為對自然荒野的認識無法從書中學習，必須透過親身體認。

他曾說：「只要有麵包、水、以及辛苦而愉快的旅程，我就心滿意足了……一個人仍應接受訓練和磨鍊，學著在完全不依賴任何特定食物的狀況下，享受美好的野地生活。」

優勝美地的主教堂峰（Cathedral Peak）。繆爾形容這座美妙的岩石建築物，外觀近似傳統的教堂，崇高而莊嚴。

正因繆爾的書寫帶著一種形而上的特質，具有穿透人心的力量，他的讀者無論是總統、國會議員或一般大眾，往往受到啟示，被他的思想與真誠所感召而付諸行動。繆爾對大自然的熱愛持續一生，成為他畢生捍衛自然荒野的原動力。

一代哲學大師愛默森在 1871 年和繆爾在優勝美地會面，當時愛默森已 68 歲，繆爾才 33 歲，愛默森當時便盛讚繆爾具有高度智慧，是他所見過的最具赤子之心之人。

1903 年熱愛戶外活動的老羅斯福總統 (Theodore Roosevelt) 造訪優勝美地。他不找別人，只要繆爾一人作陪。當時繆爾已 65 歲，羅斯福 45 歲，他們露宿於瑪利波沙巨木群樹下，用松針鋪床，圍著營火暢所欲言。羅斯福總統讚嘆那些巨杉猶如成排的教堂，比他見過的任何人為建築都要宏偉而美麗。

第二天他們騎騾來到今日的冰河高崗上 (Glacier Point)，羅斯福讚嘆道：「真是漂亮啊！我如何都不能錯過這般美景…」當晚在哨兵圓頂山紮營，半夜風雪突襲，翌日醒來發現睡袋上積雪十餘公分厚，絲毫不減兩人遊興。第三天他們在新娘面紗瀑布附近草原紮營，三天三夜朝夕相處，繆爾充分闡述荒野保護之重要與必要。羅斯福總統接下來幾年將保育理念化為具體行動，簽署成立了 5 座國家公園、18 座國家紀念地 (National Monuments)、55 處國家野鳥與野生動物保育區 (National Bird Sanctuaries and Wildlife Refuges)、還有 150 個國家森林區 (National Forests)，不能說沒有受到繆爾直接的影響。

如今我終於明白了，繆爾被冠上「國家公園之父」，因為他被公認為美國最具聲望、最具影響力的自然學者與保育先驅。他終生致力保育，美國第二座、第三座、第四座國家公園皆由他力促而成。他在 1892 年創辦的山岳社，早已成為美國最大環保團體之一，從創社的 27 名成員，茁壯至今已逾兩百四十萬社員遍佈各地，仍不斷為山林盡心，為捍衛荒野而努力。

繆爾過世時，老羅斯福總統曾如此追悼：

「他具有不屈不撓的靈魂。不僅因為他的書令人欣喜……他還是一位能夠為他所關切的主題奉獻一生，並影響當代思想與行動的人。他是一個偉大人物，影響了加州及整個國家的思潮，讓那些偉大的自然景象能被永久保存……今後的世世代代，都要感謝約翰‧繆爾。」

在 1980 年代加州歷史學會 (California Historical Society) 曾

1903 年羅斯福總統 (左) 和繆爾在優勝美地的冰河高崗上 (Glacier Point) 合影。(圖片提供 National Park Service)

2005 年加州發行 25 分美元硬幣 (稱為 quarter)，圖案便是以「約翰繆爾」和「優勝美地的半圓穹頂」做為象徵。

舉辦一項問卷調查，發現繆爾被認為是加州有史以來最偉大的人物之一。1988 年，正值繆爾一百五十週年誕辰紀念，由國會通過立法並由雷根總統宣布，訂定每年 4 月 21 日為「約翰繆爾節」(John Muir Day)，以紀念這位國家公園之父，在美國自然保育史上的深鉅貢獻。

內華達山脈的茵優國家森林 (Inyo National Forest)，有一大片區域劃為「約翰繆爾荒野保護區」。

「約翰繆爾步道」起自優
勝美地山谷,經圖中的春
天瀑布 (Vernal Fall) 一直
往南到惠特尼峰,長達
338 公里。

國家公園服務署第一任署長：史蒂芬 ・ 馬瑟

大多數去過大峽谷的人，可能都曾在峽谷南緣的「馬瑟景點」(Mather Point) 觀賞壯麗的日出或絢爛的夕陽。但也許很少人知道，「馬瑟景點」命名由來，是為了紀念美國國家公園服務署第一任署長——史蒂芬·馬瑟 (Stephen Mather)。

史蒂芬·馬瑟在 1867 年 7 月 4 日出生於舊金山，1887 年從加州柏克萊大學畢業，是道地加州人。之後遷往紐約，在紐

約翰·繆爾荒野保護區的 Cottonwood Lake，保護區每天有名額限制，露營過夜須先向森林管理處申請許可。

史蒂芬‧馬瑟於 1917 年
擔任美國國家公園服務署
第一任署長。（圖片提供
National Park Service）

約太陽報當了六年記者，接著到太平洋海岸硼砂公司紐約總
部上班。1894 年馬瑟搬到芝加哥幫公司成立物流中心，並
幫公司產品取名「20 驢隊硼砂」（20 Mule Team Borax），這
響叮噹的品牌，日後成為全美家喻戶曉的日用品。

1904 年馬瑟和朋友湯瑪斯‧梭基德森（Thomas Thorkildsen）
合夥成立硼砂公司，並將產品命名為梭基德森—馬瑟硼砂
（Thorkildsen-Mather Borax）。他們生意愈做愈大，到了
1914 才短短十年，便已雙雙成為百萬富翁了。而此時馬瑟
不過 47 歲！

經濟上既無後顧之憂，馬瑟開始想做自己想做的事。百年前
能賺上百萬美金，相當於現在的億萬富翁了。這麼有錢的
他，會想做什麼呢？

原來馬瑟從小愛好自然。1904 年他和太太去歐洲旅行，喚
起他心中對大自然的熱愛。他看到歐洲公園交通便利讓人們
易於親近，因而受到啟發，希望能改善美國國家公園營運現
況——百年前的國家公園礙於交通工具和道路狀況，十分不
易造訪。馬瑟認為不但要保護美麗的自然景觀，同時也要為
民眾提供方便的交通與妥善的食宿服務。

1904 那年馬瑟還加入繆爾創建的環保團體「山岳社」，而
且在山岳社很活躍，利用工作餘暇致力保育，自此成為一位
專業保育人士，並和他所敬仰的繆爾成為朋友。1905 年他
和山岳社伙伴登頂海拔 4392 公尺高的雷尼爾山，可見他是
一位名符其實的愛山人。

難怪到了 1914 年，當馬瑟看到當時幾座國家公園每況愈下，
忍不住直接寫信到華盛頓特區，呼籲聯邦政府重視這個嚴重
的問題。過沒多久，他便接到當時的內政部長法蘭克林‧藍
恩（Franklin K. Lane）回函。藍恩也是加州柏克萊校友，他
對馬瑟這麼寫道：「親愛的史蒂芬，如果你不喜歡目前國家
公園的營運方式，請你移駕到華盛頓特區，親自來管理這些
公園。」

這封信看起來很客氣，但字裡行間卻帶有挑釁之意，意思比

較像是：「請不要在那邊批評、光說不練，有本事就來負責管理這些公園，看你能做得多好！」

結果呢？

換成常人或許一笑置之，覺得自己多事。但馬瑟不是一般人，這位億萬富翁看到這樣的信，居然當真，跟合夥人說要退休去做自己想做的事，在 1915 年 1 月飛到華盛頓特區接受了這個挑戰。

這其實是有點難以想像的。通常企業家賺了錢，會想著該如何擴充規模以賺取更多的錢。難道你能想像，像王永慶或張榮發這些大企業家成為億萬富翁後，不到五十歲就決定辭職不幹了，改行從事公園經營或自然保育之類的工作？

而馬瑟，就這麼義無反顧到內政部就職，做自己認為更有意義的事。他從藍恩的特別助理做起，負責處理國家公園相關事務。那時美國已成立 14 座國家公園和 18 座國家紀念地，其中多處是由陸軍軍官負責管理公園的行政事宜。馬瑟用做生意的靈活手腕和口才，開始進行政治遊說。想方設法，就是要在聯邦政府成立一個專職機構，負責統籌所有國家公園繁雜事務。

在大峽谷「馬瑟景點」欣賞瑰麗日出。1908 年羅斯福總統將大峽谷設為國家紀念地，1919 年史蒂芬馬瑟將之晉級為國家公園。

奠下國家公園的營運基石

為了推動成立專屬機構，馬瑟積極尋求各領域政治家的支持和各方企業主的贊助，並運用人脈在《國家地理雜誌》、《週六晚報》和各報章雜誌刊登相關故事，幫國家公園大作文章藉機宣傳。他還僱用私人公關，從 17 家鐵路公司得到金援資助，繼而出版一份華美的刊物《國家公園作品集》送給每位國會議員和民間團體組織領導。

皇天不負苦心人，1916 年 8 月 25 日威爾遜總統（President Woodrow Wilson）終於簽署法案成立「國家公園服務署」（National Park Service），而且層級很高，由美國內政部直接管轄。

真要感謝馬瑟發了大財。若沒有馬瑟在華府積極遊說和推波助瀾，國家公園服務署不知要到公元幾年才得以成立呢。可惜約翰·繆爾在 1914 年就過世了，沒能等到 1916 年 8 月 25 日這美國保育史上非常重要的一天。

1917 年 4 月，馬瑟被正式指派為國家公園服務署第一任署長，直到 1929 年他因病請辭，在署長崗位前後做了 12 年之久。萬事起頭難，在這段任期內，他運用高明的政治手腕，和國會及各部會首長建立良好關係。藉由專業化理念經營國家公園，在體系內設置終身職幹部，如公園解說員、糾察巡山員、動植物研究員等，一方面積極保護自然瑰寶，一方面善加管理公園的運作。

必要時，馬瑟不惜用自己的錢購置土地，以擴增公園面積。他致力成立新的國家公園，讓很多地區免於被開發的厄運。他並創立國家公園的資格審核與評定標準，認為國家公園的必要條件，是需具有無與倫比的、偉大的自然景觀。他還引進「讓與制」（concessions）──租授公有地使用權，讓私人企業能在國家公園內建造基本設施，提供住宿餐飲等服務。

一言以蔽之，馬瑟和部屬們齊心協力將國家公園的管理經

馬瑟在 1917 年上任那年推動成立阿拉斯加首座國家公園（Denali National Park），坐擁北美最高峰 Mt. Denali。

營制度化，奠下堅固的營運基石。

對於地處偏遠的國家級保護區，他則推動「公園景觀道路」，
鼓勵和鐵路公司合作以增加遊客量。馬瑟希望大眾因了解而
關心，對公園培養更深厚的理解與感情，他深信一旦有更多
民眾造訪公園，他們就會成為國家公園的支持者和守護者。

1929 年馬瑟不幸中風，不得不辭去署長一職，並於翌年過世，享年 62 歲。他得力助手何勒斯‧艾爾布萊特 (Horace M. Albright) 接任署長一職，此時國家公園體系已增至 20 個國家公園和 32 個國家紀念地。艾爾布萊特是加州同鄉，也是柏克萊大學畢業，他所立下的最大功績，是在 1933 年說服小羅斯福總統 (President Franklin Delano Roosevelt)，將所有的歷史文化遺址和戰爭紀念地的管轄權，從聯邦其他部門轉到國家公園服務署，由後者一併統籌管理。

2016 年恰逢美國「國家公園服務署」成立一百週年慶。美國國家公園體系已從一座黃石國家公園擴增至四百多座國家級保護區——除了國家公園，還包括國家紀念地、國家歷史公園、國家遊憩區、國家歷史遺址等。不僅是美國人，來自全球各地的訪客都能共享這些偉大的自然景象與珍貴的歷史文化遺址。

而國家公園服務署的第一任與第二任署長，均來自加州，兩位任期總加長達 16 年，確實具有非比尋常的意義。因為在草創之初，如果沒有這兩位環保先驅的努力，美國國家公園體系或無法成為今日這般規模。國家公園服務署特別為第一任署長馬瑟設立了紀念銅像，並刻上這段褒揚的話：

「他奠定了國家公園服務署的基礎，清楚界定並設立政策，哪些地區可開發，哪些地區必須予以保護且毫無損傷保留給後代子孫。他所做的善事，影響深遠而難以估量……。」

第二任署長艾爾布萊特是馬瑟的得力助手，幫忙推動國家公園服務署的成立。(圖片提供 National Park Service)

猶他州的錫安 (Zion) 具有十分獨特的峽谷景觀，在 1919 年馬瑟任內成為國家公園。

自然攝影大師：安瑟 · 亞當斯

安瑟 · 亞當斯（Ansel Adams，以下簡稱亞當斯）堪稱二十世紀最著名的攝影大師之一。他所拍攝的美國國家公園彷若西式水墨畫，風格獨樹一幟——景色清晰細緻，對比層次分明而具抽象詩意。一旦看過亞當斯黑白山水真跡，之後幾乎都能一眼辨出哪幅照片出自他的手筆。他以相機為畫筆，透過光影明暗的精確掌握，繪出美麗而震撼人心的大自然景致。

也因此，愛好大自然攝影的人，對亞當斯大都不陌生。然而，或許很少人知道，他不但是著名的自然攝影大師，也是一位熱忱的荒野捍衛人士，一生貢獻荒野保育長達近七十年。

安瑟 · 亞當斯荒野保護區 的 千 島 湖（Thousand Island Lake），映著海拔 4008 公尺的里特山（Mt. Ritter）。

自然攝影大師安瑟‧亞當斯 1947 年的寫真。(Photo by J. Malcolm Greany - Public Domain)

對亞當斯而言,原始曠野是「一種神祕的、無形的、非物質化的體驗」。他的影像蘊含著一種神祕感,觸動了無數人心;他透過攝影作品,藉由「藝術」宣傳理念,讓人了解保護荒野的重要。他還在若干保育團體擔任要職,為了荒野保育價值,不遺餘力親自遊說國會議員、內閣政要、乃至於總統。

亞當斯在 1902 年 2 月 20 日出生於加州舊金山。因天生好動,無法適應學校的教學方式,雙親讓他在家自學,他常獨自在戶外玩耍,從小喜歡大自然。他的家靠近金門大橋的沙丘地帶,太平洋的海浪和濃霧,對亞當斯童年的影響遠比周遭繁華的市區來得顯著。憶起兒時,他對荒野總比對都市更有感覺,「浪潮和沙丘,暴風雨和雲霧…無法磨滅大海和松樹的味道」,那些童年影像如此迷人,鮮明彷如昨日,清晰地印在他的腦海中。

12 歲時亞當斯開始學鋼琴,旋即展露天賦。接下來幾年,他所受的音樂與彈琴訓練,對日後他在攝影上展現出精確的工藝和微妙的詮釋,具有莫大的影響。

亞當斯 13 歲時,父親查理斯 (Charles Adams) 買了「巴拿馬太平洋萬國博覽會」的年票,讓兒子每天逛展探索新奇的事。他還送亞當斯一台相機,讓他得以拍攝展場中所見所聞,為萬國博覽會精心製作一本「照片日誌」。

翌年春天亞當斯 14 歲,跟父母第一次來到優勝美地國家公園。說那次經歷是亞當斯生命的轉折點,一點兒都不誇張。亞當斯日後回憶道:「對那山谷第一個印象——白花花的激流、杜鵑花、高聳的松與淡定的橡樹,峭壁陡升到無法想像的高度,那淒美的聲音和雪山的氣味……整個經驗是那麼強烈,強烈得幾乎令人無法承受。自 1916 年那一天起,我的生命被雪山山脈偉大而美麗的姿態著上色彩。」

亞當斯拿著父親送的相機,迫不及待去探索這美麗山谷。回到舊金山後,他為了學攝影而去當沖印相紙的學徒。1919 年亞當斯 17 歲到 22 歲的暑假,在優勝美地山谷一棟屬於山岳社的旅館打工。這些早年經驗讓他有機會認識當時最活躍的保育人士,如後來成為國家公園服務署第一任署長的史蒂

芬‧馬瑟便是其中一位。

那幾年他熱愛登山,攀爬雪山山脈三、四千公尺高峰,而且首登好幾座山。亞當斯曾幽默說道:「就某種程度來說,我現在還活著其實是一個奇蹟,因為爬山的過程相當危險,但那時卻完全不知道任何攀岩技術。」

就在那空曠無人的高山上,亞當斯清楚意識到了曠野所蘊含的美學特質,那是他之前從未曾預料到的。在爬山過程所體悟的自然之美,彼時彼刻的真實心情與感受,根本無法用言語來形容。

亞當斯 1941 年受聘於內政部負責攝影壁畫的計畫,清晰細膩,風格獨樹一幟。〔圖片提供 National Park Service〕

亞當斯原本想當一名鋼琴演奏家。到了 1927 年,他投注於攝影的時間心力已與彈琴相當,對未來之路仍感徬徨。那年春天,他帶著笨重的攝影器材悠悠晃晃爬上一處懸崖,想從正面拍攝優勝美地著名的半圓穹頂宏偉的氣勢。那時他僅剩兩片照相玻璃板,第一片他按常規曝光。接著,他突然意識到了,他希望能讓眼前影像含有更多情緒感受:「那是我第一次想清楚那張照片沖洗出來,會變成什麼樣子?就是我現在所說的『視覺化』。我開始想像黑色的岩石和深色的天空。我真的很想讓它呈現一種巨大的、暗的質感。所以最後一片玻璃板,我就使用 29 號紅色濾鏡拍攝…結果得到了一張非常振奮人心的作品。」

亞當斯在 25 歲拍下的 "Monolith—the Face of Half Dome",是他最為人知的成名作之一,也讓他日後更堅定地走向專業攝影之路。

同年 1927 年,亞當斯認識一位貴人艾柏特‧班德〔Albert Bender〕提供金援和人脈,讓亞當斯在經濟上有所倚靠。1928 年亞當斯與同樣愛好音樂與大自然的維吉尼亞‧貝斯特〔Virginia Best〕結婚,維吉尼亞的父親是一位畫家,在優勝美地山谷有個工作室,自此之後,優勝美地名符其實成為亞當斯另一個家。

或許這就是為什麼,亞當斯拍攝的優勝美地能如此震撼人心,因為那些作品不但帶著個人情感與長年細微觀察,還蘊含著豐

厚深刻的、滿滿的愛。

十九世紀末到二十世紀初，很多人認為攝影不過是先進的
「科學技術」，卻稱不上是一種「真正的藝術」，攝影師
只是技術操作員之流，也稱不上是藝術家。面對這般帶著些
許輕蔑的社會認知，不少攝影家便藉由操縱成像的過程，
讓作品「藝術化」——如藉由柔焦鏡，營造印象派畫作的
朦朧美感，或在暗房介入顯影過程，在軟膠底片上刮痕以
製造繪畫般的筆觸等。這種派別被稱為「繪畫攝影主義」
（Pictorialism），曾風行一時。

亞當斯開始接觸攝影之際，也曾一度著迷於繪畫攝影。後來
因緣際會認識了現代主義的新銳攝影家保羅・史川德（Paul
Strand），以及力求影像清晰的艾德沃・威斯頓（Edward
Weston）等，讓他愈加明白了，攝影確實是一門藝術，因
為相機本身無法完成全部的事，需要有人用心去創作。再
者，兩個平面、單一色調的黑白攝影影像，本來就和真實的
世界大相逕庭，這點已無須贅言。

亞當斯受國家公園服務
署委託所拍攝的大堤頓
（Grand Teton）國家公園。
（圖片提供 National Park
Service）

以藝術捍衛荒野之美

亞當斯和威斯頓等人在一九三〇年初成立「光圈 64 小組」
（Group f/64），因為當時的大型相機能做到的最小光圈是
f/64，若要拍出宏偉而細膩的作品，需透過 f/64 這非常小的
透鏡孔徑，以創造出最大景深、最清晰的圖像。該團體主
張「直接攝影」（straight photography），或稱「純粹攝影」
（pure photography）——強調簡單的自然形式，力求精確曝
光與清晰影像，反對藉由柔焦或任何改變而使照片看似繪畫
一般。這般直接純粹的訴求，對於當代攝影界人士看待影像
的態度，產生了革命性的影響。

自然攝影藝術家亞當斯，同時也是一位荒野捍衛者。自 17
歲暑假上山打工起，他便和繆爾創見的環保團體「山岳社」
關係密切。一九三〇年代，他熱心參與山岳社每年度的大型
登山活動，擔任嚮導與攝影師。1934 年亞當斯被遴選為山
岳社理事，自此他每年都被選為理事，對於自然保育的投入
與付出不曾間斷，一直到 1971 年退休卸任，前後任期長達
三十七年之久。

1936 年亞當斯被推派為山岳社的代表，飛到華盛頓特區參
加一個由內政部舉辦的國家公園會議。因為山岳社知道攝影
圖片對於早期公園的成立具有決定性影響，希望能藉由亞當
斯的圖片，說服內政部把雪山山脈國王河一帶的荒野保護起
來。

亞當斯也不負眾望，他在 1938 年送給內政部長一本攝影集
《雪山山脈：約翰繆爾步道》（Sierra Nevada: The John Muir
Trail）果然起了關鍵作用。1940 年羅斯福總統簽署成立國王
峽谷國家公園（Kings Canyon National Park）。

亞當斯回憶道：「……可能有人會說這是傲慢矜持，但我覺
得我在國王峽谷地區所拍攝的照片，確實在國會發揮了正面
效用，讓該法案順利通過。沒人知道影響程度是百分之一，
或百分之五，或全然只是我個人的想像。」

亞當斯於 1984 年過世，
為了紀念他而設立的安瑟
亞當斯荒野保護區，面積
共 93688 公頃，圖為翡翠
湖（Emerald Lake）。

1941 年，亞當斯受內政部之託，幫忙拍攝國家公園照片作為攝影壁畫，後因二次世界大戰而中斷計畫。二戰結束，亞當斯在 1946 年獲古根漢獎金補助，讓他得以造訪拍攝全美多處的國家公園和紀念地，之後並成為一系列個人作品集和書籍。是他刻苦的堅毅與不斷的努力，透過攝影的藝術，讓美國偉大的自然奇景呈現於世人面前。還有人這麼形容，如果你不曾看過安瑟．亞當斯的作品，就不曉得美國國家公園到底有多美。

二次大戰後，造訪優勝美地的人數激增，每年多達 250 萬，國家公園服務署在一九五〇年代提出對策，想拓增新的道路並增建住宿設施。優勝美地是亞當斯第二個家，因此他特別關切，反對將國家公園變成便民娛樂場，曾寫道：「商業化遊憩開發，侵犯了國家公園的基本信念」，因為國家公園必

須維持全然未受損傷的狀態，以供後代子孫使用。再者，亞當斯始終認為，美麗的景色並非「看到就好」，而是要「深入體會」。

因此當 1958 年國家公園服務署決定開闢一條新道路，貫穿優勝美地中央核心地區——緹納亞湖 (Tenaya Lake)，亞當斯氣得跳腳，憤怒地發出一通電報給當時的內政部長和國家公園服務署署長：「對於緹納亞湖的褻瀆，我想提出一個最真誠最嚴重的抗議。…這災難性的破壞是完全不必要的，它還違反 1916 年國家公園組織法陳述的原則…。我認為有關當局這種褻瀆行為完全漠視保育的基本信條，而且幾近於過失犯罪。我迫切要求你勒令緹納亞道路立即停工，直到一個真正稱職的團體研究問題並建議方法，如何能以最小的損傷

亞當斯很反對政府在優勝美地開路經過緹納亞湖。但若沒這條道路，一般人很難走到這海拔 2500 公尺的高山湖泊。圖為 Emilie & Eddy 在湖中戲水。

完成這項計畫。」

亞當斯雖力挽狂瀾,卻無法改變當局的決定。後來他在山岳社公報題首【緹納亞的悲劇】寫道:「我是一位藝術家,也讚賞科學與工程,……然而,我希望人能體會曠野的神奇;我們不用自欺欺人,認為自然環境中有一條馬路通過,還能稱之為曠野。……我個人必須承擔這份譴責,因為在最大的損壞造成之前,我沒有做好份內的工作。」

之後他並感性地追述道:「曠野不僅是自然界一個條件,而是心智、情緒、和心靈的一種狀態。它不能被局限於博物館的玻璃櫃──只能從最高級的長廊看到路過的西洋鏡。」

除了長年擔任山岳社的理事,亞當斯並熱心投入其他的環保組織:1954 年他擔任「保育信託組織」(Trustees for Conservation) 總裁,1957 年他成為「山岳自然資源委員會」(Sierra Natural Resources Council) 副主席。1962 年他遷居加州海邊卡梅爾鎮,開始投身保護加州中部海岸,積極反對在蒙特利灣漁港附近興建煉油廠。到了 1970 年代,亞當斯和另一個環保組織「荒野協會」(The Wilderness Society) 密切合作,為能在加州中部大蘇爾 (Big Sur) 海岸成立國家景觀保護區,並一起推動立法保護阿拉斯加的佷大荒野。

1980 年卡特總統授與亞當斯「總統自由勳章」,這是國家給美國公民最高榮譽的褒揚。1984 年他病逝加州,享年 82 歲。2007 年,州長阿諾史瓦辛格將亞當斯列入加州名人堂 (California Hall of Fame)。

說亞當斯是一位終生荒野捍衛的藝術家,並非言過其實。他被稱為「視覺化的約翰繆爾」,就像繆爾的著作讓美國人更能體認荒野價值,亞當斯的攝影也產生類似效果。他將人類和土地的關係,以事實勝於雄辯的視覺影像,傳達一種曠野保育的哲學視野。

而正是那宏偉的願景,讓這位藝術攝影家安瑟·亞當斯,成為美國環保史上一位真正顯要的人物。

國王峽谷國家公園在 1940 年由小羅斯福總統簽署成立,亞當斯的作品具有關鍵作用。圖為該公園一景。

加州中部的大蘇爾海岸，
是安瑟亞當斯生前亟欲
保護的地方。圖為 Julia
Pfeiffer State Park 海邊黃
昏景色。

拯救紅杉的故事

北加州的海岸紅杉（Redwood），大約在 1775 年由西班牙探險隊發現，那時紅杉森林從舊金山一直向北綿延到奧勒岡州邊界。1848 年美墨戰爭結束，加州成為美國領土，1849 年的淘金熱促使白人大量湧進，從 1850 至 1860 短短十年間，加州人口陡增四倍，新市鎮相繼興起，墾地蓋房對木材的需求大幅增加，致使北加州的紅杉森林開始遭受蹂躪。

因紅杉防蟲耐腐，木質堅硬優良，儼然成為另一種顏色的「黃金」。不過短短幾年，伐木業開始蓬勃發展，1853 年光在尤瑞卡小鎮就有九家鋸木廠在營運。接下來一世紀，紅杉森林經歷了史無前例的浩劫。特別是舊金山一帶的紅杉林，幾乎全被砍伐殆盡。

起初砍伐者還刻意忽略紅杉，因為此樹過於高巨，當時的技術甚至無法處理這麼粗大的木材。但因紅杉市場價位很高，過不了多久，各種困難均被一一克服：伐木工人用雙刃斧及長達 3.7 公尺（等於兩個人高）的橫切鋸，費盡力氣砍倒紅杉，再設法將木幹分段搬運，用牛車或馬車運到鋸木廠。在什麼都得靠雙手的情況下，砍樹速率緩慢，遍佈的紅杉就彷彿取之不盡、用之不竭。

然而到了二十世紀初期，工業化技術逐漸取代了傳統人工方式，隨著自動鏈鋸、推土機、鐵路、甚至載重卡車相繼出現，伐木變得愈來愈有效率，開山闢路之後，大規模的砍伐隨之跟進。伐木如火如荼地繼續進行，雖然有人率先呼籲保護紅杉林，但當時木材需求大增的情況下，根本難以立法管制。

因大多數紅杉林在 1890 年代就已被業者收購成私有地，1900 年有人請求繆爾出面保護這片紅杉，繆爾嘆道：「我很願意去那裡制止肆無忌憚的破壞，但很不幸地，那裏所有的土地都是私人財產，國家拿不出那麼多錢來購買這些土地。現在我所能做的就是發動輿論，讓大家多關注這個議題。」

「繆爾森林國家紀念地」在舊金山北方十餘公里處，成立於 1908 年 1 月 9 日，保存 224 公頃的原始紅杉林。

到了 1910 年代後期，顯然地，僅存的原始紅杉森林將很快消失。1918 年加州柏克萊大學約翰‧梅里安 (John C. Merriam)，美國自然歷史博物館古生物學者亨利‧奧斯本 (Henry F. Osborn)，以及紐約動物學會麥迪森‧格藍特 (Madison Grant) 共同創立了「拯救紅杉聯盟」(Save-the-Redwoods League)。這些有識之士亟欲保護紅杉森林，並非因為此樹很高很美，他們主要動機是基於科學上的研究——紅杉與千百萬年前的紅木有進化上的關連，被視為一種活化石。

拯救紅杉聯盟以非營利組織的運作方式，到處籌募基金購買林地，從 1920 至 1960 年間，聯盟購置了四萬多公頃的原始森林，主要分佈於加州北岸，隨後交由加州政府託管。因為有了這些土地，加州政府得以在 1923 年、1925 年、1929 年從北而南相繼成立傑德岱史密斯紅杉 (Jedediah Smith Redwoods State Park)、岱爾諾提海岸紅杉 (Del Norte Coast Redwoods State Park)、與草原溪紅杉 (Prairie Creek Redwoods State Park) 等三處州立公園，為後來的紅杉國家公園奠下基礎。

關於保護紅杉的故事，特別值得一書的是在舊金山北方十餘公里、鄰近太平洋海岸的「繆爾森林國家紀念地」(Muir Woods National Monument)。這裡保存著一片稀有的原始海岸紅杉林，是由當地一位熱心的保育人士威廉‧肯特 (William Kent) 所捐贈的。之所以用繆爾的名字命名，原來有一段感人佳話。

老羅斯福總統依捐贈者威廉肯特 (William Kent) 的原意，用繆爾之名為保護區命名，成為一段佳話。

1905 年，企業家肯特和太太伊莉莎白（Elizabeth Kent）在加州故鄉紅杉峽谷買了一塊地。1907 年他們聽說有開發業主覬覦動用關係在紅杉峽谷興建水壩，還想砍掉那一帶的紅杉林，威廉便決定把這塊土地捐獻給國家以絕後患。他請羅斯福總統設立為國家紀念地，並指名要用他們倆的朋友——約翰·繆爾的名字為保護區命名。

當時老羅斯福總統很讚賞這種當仁不讓的義舉，在 1908 年 1 月 9 日宣布將該處列為國家紀念地時，致函向肯特道謝，信裡並提到說，雖然他對繆爾也十分敬仰，但捐獻者既是閣下，建議仍以肯特為名。

肯特回函道：「道德的不朽，是無法用金錢購買的。……我有五個好兒子，均用我的名字命名，如果他們不能讓肯特之名一直傳承下去，那麼就讓這名字被遺忘吧。」肯特堅持用繆爾的名字，他認為像紅杉那樣美好的自然景色，只有冠上「繆爾森林」之名，才能成為熱愛大地、保護自然的標幟。

繆爾聽到這令人驚喜的消息，欣然地寫信給肯特，大意是說：「這是世界上所有森林中，所能找到的最好的一片森林。您給我至高榮譽，我引以為榮……。和紅杉比起來，山峰和冰河不過是遲早會消失的事物。紅杉自第一座森林伸向天際起，已有無數大小山峰被風化、被磨碎、被沖刷拋入大海中；而紅杉，從白堊紀經歷了所有地質時期上的改變與氣候風暴，還有冰河時期的擠壓破壞，仍能安全地生存至今。讓這些樹木逃過刀斧的砍伐，不受那些一味追求金錢者和興建水壩者的迫害，這是我所聽過的，對上帝和人民最高貴的貢獻。……願您如紅杉般永存不朽！」

羅斯福總統最後依照捐贈者的原意，將保護區正式命名為「繆爾森林國家紀念地」，並在林中豎立一塊肯特紀念石碑。這兩位保育人士高風亮節，正如高聳天際的紅杉，將永遠矗立在加州美麗的海岸，被世人歌詠傳誦。

美國郵局在 1964 年約翰繆爾逝世 50 週年之際，特別印製了紀念郵票。

CHAPTER 03

山水之最

巨杉國家公園的「參議院」（The Senate）幾株巨杉群聚並列氣勢震撼人心。

世界上最大的樹：深山巨杉

你可知道，目前已被發現的世界上最大的樹「巨杉」
（Sequoia），以及世界上最高的樹「紅杉」（Redwood），都生
長在加利福尼亞州？前者學名 Sequoiadendron giganteum，
後者學名 Sequoia sempervirens，兩者均為杉科，外形有
些相似，親緣關係也算近，但不同種也不同屬。巨杉長在加
州中部內華達山脈（或稱雪山山脈）的西側，海拔約一千五
至兩千公尺的山坡上；紅杉則分佈於加州西北端靠近俄勒岡
州，從平地到海拔九百多公尺的海岸區。

一在山裡，一住海邊，這世界上最大的樹與最高的樹，兩者
都是加州居民。是造化，也是巧合。但為什麼會這麼巧呢？
自然界的神奇奧妙，往往跨越時空且遠遠超乎想像，很難用
三言兩語解釋。不過，科學家目前倒已發現這些巨大神木的
先祖們，可追溯至遙遠的侏羅紀恐龍時代。那時期的地球環
境比現在要濕熱得多，這兩種巨樹的先祖們曾遍佈於北歐與
北美大陸，之後卻隨著氣候的變遷而漸漸消逝。

研究指出，大概在一千萬年甚或更久以前，僅剩一些殘存者
生長在今日北美愛德華州的南邊，和內華達州的西側。後來
經歷造山運動，內華達山脈隆起並攔截了太平洋水氣，導致
該區氣候逐漸乾燥。物換星移，這些樹的種子，終於飄落到
較濕潤的加州西側，水土相服，也就這麼生存下來了。而種
子究竟是藉著風吹還是鳥的播送還是靠其他動物的幫忙攜
帶，誰也無法確定。只知經過長久的演化歷程後，巨杉歸隱
深山，紅杉濱海而居。

我喜歡森林，更愛欣賞千年古木。雖然不是植物學家，在初
次探訪兩種紅木安身立命之處，純粹就美學的觀點，也能看
出這兩種樹在外形上的區別，以及它們喜愛的生長環境是如
何的不同。

先說深山裡的巨杉。

巨杉粗壯筆直的樹幹，即
便用廣角鏡垂直拍攝，也
很難把整棵樹完全收入框
內。

從加州中央谷地向東轉向內華達山脈，沿著奇威河谷（Keweah River）一路蜿蜒盤旋而上。過去二十幾年，這條路已走過了不知幾回，每次都覺得山路狹窄而迂迴。不暈車的辦法是打開車窗，邊吹涼風邊欣賞窗外的景致。盛夏滿山青翠蓊鬱，認出路邊有柳木、楓樹、白楊、還有枝葉娉婷的橡樹。之字形的山路，陡升到海拔一千多公尺處，見遠處高峰仍覆著靄靄白雪，林相也從闊葉樹變為針葉林，有白冷杉、糖松、肖楠，及樹幹深橙的龐德羅沙松。當一面陡峻的垂直岩壁赫然出現眼前，我知道目的地就快到了。

這高聳而陡峭的花崗岩峰名為「莫洛岩石」（Moro Rock），一面光滑岩壁如刀削般，巨岩形狀完整而孤立，岩頂海拔逾兩千公尺，是巨杉國家公園最著名的地標之一。向上攀爬百餘公尺來到岩頂最高處，極目四望，遠近層層山巒與底下深切的奇威河谷，一覽無遺。

續往深山行。路邊針葉林間，開始出現了粗壯的澄褐樹幹，醒目的顏色與分外壯碩的軀幹，讓人立刻能辨認出那些就是巨杉。金色陽光從樹梢間灑下來，隨著山路穿梭於原始綠林中，不久便來到公園的巨人森林區（Giant Forest）。

「啊，希爾曼將軍就在那兒！」即使來過多次，當我遠遠瞧見那棵世界上最巨大的樹，一柱擎天、圓筒筆直的樹幹，彷彿上接天際似地，仍忍不住發出「Wow！」一聲讚嘆。

頂天立地、無與倫比、唯我獨尊，都不足以形容面前這地球上迄今已知的、體積最大的樹「希爾曼將軍」（The General Sherman）——體積達 1,486.6 立方公尺，高約 84 公尺，樹幹基底圓周逾 31 公尺，年齡估計介於 2300 歲到 2700 歲之間。陽光映照顏色鮮明的肉桂樹身，讓這棵兩千多年的神木更顯得生氣蓬勃。

希爾曼將軍這棵巨杉，據說是由博物學家詹姆斯‧沃爾弗頓在 1879 年為了紀念希爾曼將軍而命名的，因為沃爾弗頓在美國 1861 ～ 1865 年南北戰爭之際，曾在希爾曼將軍（General William Tecumseh Sherman）麾下的第九印第安納騎兵團擔任中尉。到了 1931 年，經過正式測量與比較後，

在巨杉國家公園內看到的黑熊。黑熊有可能是棕色的，和棕熊主要分別是前者體積較小，而且背部是平的。

帶角的公黑尾鹿跑到我們的營地漫步吃草，一點兒都不怕人。

「希爾曼將軍」拔得頭籌，正式被認定為全世界體積最大的樹。

園方早在樹底圍起木欄，不讓人接近這棵國寶級的樹，所以只能貼靠將軍的木牌，與有榮焉地和「希爾曼將軍」隔一段距離合照。每次舉起廣角鏡試著拍下整棵樹，卻愈覺得這位將軍狀似一座大山。我整個人好像都快貼到地面了，左比右比，卻怎麼取景都不滿意。原來，廣角鏡會壓縮景物，當這麼一棵巨大無比的樹，硬要被強行收進小小觀景框裡，反而扭曲它的原貌，徹底失真了。

在巨杉森林裡有很多步道，通往不同的神木群。一些特別高大壯碩的樹，都被冠上名稱，在樹底立牌子，有總統樹、林肯樹、華盛頓樹等，為紀念一些高瞻遠矚的政治人物，也讓人彷彿走入了政治殿堂。這麼多令人仰之彌高的神木中，我最愛的是「參議院」(The Senate) 巨杉群和眾議院 (The Congrass) 巨杉群，雖然其中沒有任何一棵比得上希爾曼將軍那般的強壯獨大，但幾株巨杉團結並列一起，聯手造就的雄偉氣勢，卻更震撼人心。

「莫洛岩石」，巨岩高聳陡峭而孤立，岩頂海拔逾兩千公尺。

「大樹」的發現與保護

「這種大樹是自然界森林的曠世巨作，而且就我所知，是現
今所有生命體中最龐大的。」
"The big tree is nature's forest masterpiece and, so far as
I know, the greatest of living things."

— 約翰・繆爾《我們的國家公園》
John Muir in "*Our National Parks*"

一百多年前，繆爾在 1901 年出版的書裡就曾寫下這麼一段
話。巨杉也被稱為「大樹」(Big Trees) 或「山區紅木」(Sierra
Redwoods)。若要認真比較，它們平均高度並不如海岸紅杉
來得高，樹幹的圓周也不及墨西哥的絲柏來得大。至於壽
命呢，雖可超過兩千年，但加州白山的長壽松平均比巨杉多
活上兩千多年。但是，可貴的就在於巨杉軀幹一柱擎天，
猶如筆筒般的粗壯，像希爾曼將軍，光是樹幹本身就將近
一千四百噸，也難怪會成為今日世界上體積最大的樹了。

巨杉是一群一群地和其他針葉林混和生長。目前約有七十五
群巨杉，雖然都長在內華達山脈西側一、兩千公尺緩坡上，
但分佈範圍相當廣闊，南北巨杉群距離逾四百公里（試想
台灣南北長僅 394 公里）。據園方估計，在巨人森林區有
八千多株巨杉，佔地約 730 公頃。不過目前已知最大的巨杉
群，是在國王峽谷國家公園的紅木山群 (Redwood Mountain
Grove)，有超過萬株的巨杉，佔地逾 1250 公頃。然因地點
偏僻不易到達，而且不像巨人森林區有個希爾曼將軍坐陣，
反而較不被人們注意。

那麼，巨杉在最初是如何被發現、又怎麼被保護起來的呢？

其實巨杉所在的內華達山脈，除了印第安原住民外，一直都
乏人問津。直到 1848 年美墨戰爭之後加州變成美國領土，
1850 年代聯邦派員進行官方踏查，發現此區繁茂植被與肥
沃土壤，淘金熱更吸引大批人口湧入。早期開墾者來到今日
巨杉和國王峽谷一帶，利用山腳下豐厚的草原做為畜牧之
地。其中有位賀爾‧薩普（Hale D. Tharp）從原住民口中得
知山上有「大樹」，在兩位原住民引導下，於 1858 年進入
了今日的巨人森林區，而成為第一個發現巨杉的白人。

畜牧者充分利用山區宜人的氣候和免費的天然青草，然因過
度畜牧的長期蹂躪，加上無法可管的情況下，造成當地自然
環境和山林集水區被嚴重破壞——特別是在國王河與肯恩河
（Kern River）的上游。此外，巨杉的發現與相關報導也引
起伐木業者注意，至 1870 年山脈南麓已遭受商業性砍伐，
但被砍的多為松樹和樅樹。巨杉因材質脆弱，被砍下之後大
多運到東部做展示。

在海拔一千多公尺的深山
中，巨杉神木和綠草如茵
的景象。

面對這般肆無忌憚的開發，當地的抗議聲浪相繼而起。保育先驅約翰·繆爾在 1873 年首次造訪國王峽谷地區，在 1875 年進入巨人森林並為之命名，自此開始為這整塊山林的保育奮戰。其實更早之前，加州地質調查隊（California Geological Survey）在 1864 年便曾探勘內華達山脈三、四千公尺處，發現了嶔崎壯麗的山岳景觀。受到繆爾和地質隊報導的影響，內華達山區的環保運動至 1880 年代已具雛形，並獲得當地農民的大力支持，他們深知上游惡性畜牧會嚴重破壞集水區，並進一步影響下游的水量與農作的灌溉。山下的菲撒利亞鎮（Visalia）報社編輯喬治·史都華（George Stewart）遂發動輿論，跟著繆爾積極鼓吹設立國家公園，以終止上游破壞性的畜牧與伐木。

1890 年 9 月，哈理遜總統終於簽署成立了巨杉國家公園，是美國的第二座國家公園，僅次於黃石。此後公園面積逐次擴增，涵蓋了內華達山脈東側的肯恩河流域以及本土四十八州最高的惠特尼峰（Mt. Whitney）。1890 那年聯邦還成立了格蘭特將軍國家公園（General Grant National Park）以保護國王峽谷的格蘭特巨杉群，該公園在 1940 年由小羅斯福總統易名為國王峽谷國家公園——在山岳社安瑟·亞當斯等人努力之下，將格蘭特巨杉以東的高山區一併納入保護。1943 年巨杉與國王峽谷兩者合併管理至今。

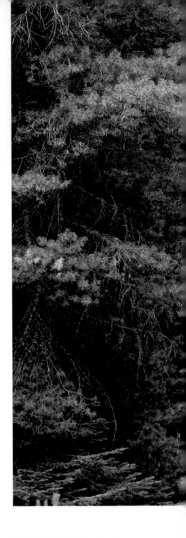

好友淑峰的女兒 Emilie 乖巧的站在展示的巨杉樹幹前，作為比例尺。

這棵「希爾曼將軍」是世
上已知最大的樹，體積
1,486.6 立方公尺，高約
84 公尺，年齡估計 2300
歲到 2700 歲之間。

值得一提的是，國王峽谷的巨杉「格蘭特將軍」(The
General Grant Tree)，是為了紀念美國第 18 任格蘭特總統
(Ulysses S. Grant)，他在南北戰爭期間所向披靡，1864 年被
林肯總統拔擢為聯邦軍總司令，最終帶領北軍打敗南軍，功
績顯赫，自 1913 年起便被印在 50 美元紙鈔上。因格蘭特巨
杉曾被認為是世上最大的樹，1926 年 4 月 28 日被柯立芝總
統榮封為「國家的聖誕樹」。直到 1931 年，經過精確的測
量與比較，才發現另一株「希爾曼將軍」比「格蘭特將軍」
更加壯碩。

世界上最高的樹：海岸紅杉

「它們不像我們所知道的任何一種樹⋯⋯它們是來自另一個時代的大使。」

"They are not like any trees we know.⋯⋯ They are ambassadors from another time."

─ 約翰・史坦貝克《與查理一起旅行：尋訪美國》（1960 年）
John Steinbeck in *"Travels with Charley: In Search of America"*

美國的諾貝爾文學獎得主史坦貝克，在 1960 年與愛犬查理橫越美國的遊記中，便曾對加州的紅杉如此讚嘆。書中的描述，非得親自走一趟，才能體會箇中真意⋯⋯

漫步於薄霧瀰漫的原始紅杉森林，猶如置身於巨人國度。青石苔蘚，枝椏菻蘿，遠近筆直的樹幹昂然衝向天際，橫伸的枝臂綠葉將天頂織成一大片密不透風的長青遮蓬。不知是否因為雲霧縹緲，紅杉林比巨杉林黝暗而神秘，感覺更像回到了遠古侏儸紀時期。參天蓊鬱的深邃中，處處流露著原始、古老、莊嚴與靜謐。

巨杉的近親紅杉，經過長期演化後，也創造了亙古的傳奇。蒼勁神木千古屹立至今仰之彌高，愈覺自身的渺小。這世界上最高的生命體，該用怎樣的詞彙來形容它到底多高呢？

有些紅杉身高比一個足球場還要長，有些則比紐約自由女神或三十多層的摩天大樓還要高。目前世界上已知最高的樹，就在紅杉國家公園（Redwood National Park），其中最高一棵紅杉便稱為 "Tall Tree"，1963 年經美國國家地理學會丈量結果，高逾 112 公尺，是人類至今所記錄的最高的樹。地球上其他地區的樹，如內華達山脈的巨杉、太平洋岸的洋松（Douglas fir）、和澳洲的尤加利樹（eucalyptus）也能長得很高，但經過科學測量認證，迄今仍沒有任何一種生命體能達到加州紅杉所冠持的世界紀錄。

紅杉生長於濕潤而氣候溫和的地方。北加州海岸因受太平洋

紅杉樹幹顏色不像巨杉那麼紅，因為長年受雨水洗滌，溶解了紅色單寧酸而使得樹皮變成滄桑的鐵灰色。

翠綠楓葉襯著筆直的紅杉樹幹。紅杉耐陰，不像巨杉需要較寬廣的空間，因此能與其他種樹一起繁茂生長。

洋流的影響，夏季多霧而冬季多雨，平均年降雨量兩千至三千公釐，提供紅杉充足的水分與濕氣，讓紅杉免於熱暑的曬炙，而河流沖積扇與低地沃土更提供了理想的生長環境。紅杉並不能像山區巨杉那樣適應冬季的嚴寒冰雪，也無法忍受盛夏的乾旱，因此分佈範圍從海平面到九百多公尺處，更高海拔山區就看不到它們的蹤影了。

其實在兩百年前，從加州中部的蒙特利灣（Monterey Bay）往北一直到俄勒岡州界附近，這長達八百多公里的海岸地帶都能看到紅杉，因此紅杉也被稱為「海岸紅杉」。

但那傳說中的景觀，早已不存在了。一路驅車北上，舊金山

灣區附近僅存一處「繆爾森林國家紀念地」，此後一直到紅杉國家公園這將近五百公里海岸沿線，僅有零星而小規模的紅杉保護區，面積最大的是漢柏德紅杉州立公園（Humboldt Redwoods State Park）。看地圖就知道，即使紅杉國家公園本身都是「拼湊」而成的，從南而北分別是草原溪、岱爾諾提海岸、傑德岱史密斯三個紅杉州立公園，可見當初設置這幾個紅杉保護區，有多麼不容易。上述公園均是「拯救紅杉聯盟」從1920至1960年到處籌募基金所購置的原始紅杉林。

這些原始森林的紅杉巨木長得又直又高，即便只是開車經過，都讓人驚嘆那份濃得化不開的蒼翠綠意。依山傍海，濕潤而多霧，是我對紅杉生長環境的第一印象。來到此區幾乎每天細雨綿綿，放晴的時刻短暫地令人覺得可貴。「加州陽

路邊大葉楓築起了兩道樹牆，形成美麗的天然拱形隧道，濃蔭遮天。

光」是出了名的，我不禁詫異此區氣候竟如此不同。

北美紅杉俗稱加州紅木（California redwood），也稱長葉世界爺，學名 Sequoia semperviren ——"semperviren" 意指 "ever living"，永遠長存之意。公元 1847 年，奧地利植物學家史蒂芬·恩立雪（Stephen Endlicher）將加州海岸紅杉分門別類，獨立為杉科 "Sequoia" 屬。同科其他紅木，包括加州內華達山區的巨杉，及中國四川省的水杉（dawn redwood，或稱東方紅木，學名 Metasequoia glyptostroboides）。巨杉是在 1939 年由約翰·巴克霍爾茲（John Buchholz）教授予以分類命名，水杉則遲至 1944 年才被發現。雖都屬於紅木，這三者其實有很多相異之處：水杉在冬天會落葉，平均高度僅四十餘公尺，樹高與壽命均不及加州的兩種紅木。

以前就聽說「紅木家具」堅固耐久。後來才知道紅木所以珍貴，並非完全因為經濟價值與實用性，而是因為紅杉的根源可溯至遠古，被視為一種「活化石」，極具科學研究意義。

古紅木化石（fossil redwoods）最早是在中國東北發現，年代可推溯至一億六千萬年前的侏羅紀恐龍時期。還有很多紅木化石分佈於北半球其他地方如阿拉斯加、格陵蘭島、西伯利亞等，當時那些地方均屬於溫帶濕潤地區。科學家並從化石推知，紅木遠祖不但分佈範圍廣闊，也都長得很高大。後來全球氣候轉趨乾冷，北美紅杉的祖先約在兩千萬年前才開始出現於美西海岸。今日的北美紅杉受緯度、氣候、與海拔影響，僅分佈於加州西側與俄勒岡州南端海岸。

目前世界上已知最高的樹，高逾 112 公尺，就在紅杉國家公園裡。

活化石的獨特生命力

曾聽公園解說員當眾講解，最有趣的一段是關於紅杉的生命力。其實紅杉的毬果僅葡萄一般大小，種子更小如芝麻，如果我沒聽錯的話，十二萬粒紅杉種子才重一英鎊。

「為何這麼小的一顆種子能長那麼高？」解說員用詢問的眼光看著大家，只見聽講的老外不見得知道答案，卻很勇於發表看法。聽完眾人的各自表述，解說員微笑說：「就像剛剛討論的情形，各家說法莫衷一是，至今仍是科學上的謎……。」

不過解說員畢竟知道得比較多，他舉出某些植物學家推論紅杉之所以高巨，是因其細胞核有 66 對染色體，其他同科樹種如落羽杉或紅杉的近親巨杉，都只有 22 對染色體。

細說起來，紅杉和巨杉這兩種紅木有許多相似處。它們都是長青樹，會結大量毬果，種子量也多，但發芽率都不高。它們的樹皮很厚且不含樹脂，抗火性強，一旦發生森林火災也不至於頃刻被燒毀。只要樹幹仍有部分未受傷害，能繼續輸送水分與養分，就能存活下去。兩者的樹幹都富含單寧酸 (tannin)，因此不易受到蟲害、菌類、與疾病侵襲。兩種巨樹根系呈輻射狀，可向外伸展二、三十公尺，但向下都紮得不深，紅杉約三至四公尺，巨杉更淺，僅一兩公尺。為了保持樹身平衡，它們必須站得很直挺，也因為根淺，它們都害怕颱風吹。

紅杉和巨杉也有很多差異性。除了山區與海邊氣候環境的不同，巨杉完全仰賴種子延續後代，需要較寬廣的生長空間，也需要很多陽光來維持它們在森林中的優勢，並須藉由森林大火幫忙清除其他樹種的競爭。相形之下，紅杉較耐陰，並具有獨特的繁衍方式——除了種子，它們還能藉由母體本身再生繁殖，新芽能從砍斷的殘株重新長出，或從倒樹餘留的母根系統再衍生一株新樹。紅杉的樹瘤 (basal burls) 具潛在的生長代謝能力，平時呈休眠狀態，但當母樹被砍倒或燒損

依山傍海，濕潤而多霧，是我對紅杉生長環境的第一印象。

時，樹瘤受內部賀爾蒙刺激會開始萌芽，以延續母體的生命，這在毬果類中是很罕見的生存機能，也是其近親巨杉所望塵莫及的。

此外，巨杉的樹幹顏色看起來比紅杉要紅得多，那是因為海岸紅杉長年受到豐沛雨水的洗滌，溶解了紅色單寧酸而使得樹皮變成滄桑的鐵灰色。至於壽命，迄今發現的最長壽的紅杉有兩千兩百多歲，巨杉則可活上三千年。

還有一點最大的不同：雖然兩者都具紅木心，但巨杉質地較

紅杉樹皮粗厚而不含樹脂，防蟲耐腐且抗火性高，因具經濟價值而遭受濫砍命運。

鬆散易碎，而紅杉質地密緻堅固。正因紅杉堅硬耐用，地理分佈位置近沿海城市，而海邊又比深山容易開發，這千古神木便不幸成為「另類黃金」而遭受濫伐的命運。「老天一直在幫忙照顧這些樹，使它們免於乾旱、疾病、雪崩、無數的大風暴與氾濫洪水。但祂卻無法讓它們不陷入愚蠢的人類手中。」繆爾在百年前便曾這麼悲憤的寫道。

儘管二十世紀初葉出現「拯救紅杉聯盟」，但被保護的紅杉很有限，私有林地的砍伐仍持續進行，尤其二次大戰後的五〇年代對木材的迫切需求與經濟發展，更加速了砍伐速度。史學家蘇珊‧薛菲爾（Susan Schrepfer）曾描述道：「古老紅杉正瀕臨滅絕……即是州立公園裡的樹，也因土壤沖蝕與公路闢建而深受威脅。」原本分佈廣闊的古老紅杉，一片接著一片快速消失，蓊鬱山林被剃得光禿，變得滿目瘡痍。到了 1960 年代，已有百分之八九十的原始紅杉被砍伐殆盡。

1960 年代初期，美國國家地理學會捐贈六萬四千美元，協助調查僅存的紅杉分佈概況，結果發現加州原有 81 萬公頃原始紅杉林，只剩 12 萬公頃（約 15%）未被砍伐。該學會同時發現紅杉溪畔存有目前世界上最高的三棵紅杉，透過報導喚醒政府與社會大眾重視。

這世界上最高的樹，在地球上演化生存了萬千年，卻在短短

公園的蕨峽谷（Fern Canyon）垂直崖壁高十幾公尺，因氣候濕潤，整面牆都佈滿蕨類。

不到一百年間，因為人類貪婪濫砍而瀕臨絕種危機。

在環保團體不斷抗爭下，國會終於在 1968 年通過法案，由詹森總統簽署成立紅杉國家公園。最初面積約兩萬三千多公頃，然而鄰近私有林地的砍伐造成土壤沖蝕，致使紅杉溪的高樹群岌岌可危。1978 年國會立法擴增公園面積，將紅杉溪上游近兩萬公頃地劃入保護區，其中一萬五千公頃是被砍光的地，為了復育造林而將之納入公園版圖。

目前公園總面積近四萬五千公頃。其中約有一萬五千公頃古老原生林與二萬公頃的再造新生林。1980 年，聯合國教科文組織指定紅杉國家公園為世界珍貴自然遺產 (World Heritage)。

當我再度踏入原始紅杉森林中，一株株高聳紅衫，筆直的軀幹含斂著堅毅不屈，沉默地俯瞰我，如一尊尊上達天聽的神靈，透著高貴而無法言喻的神祕力量。風兒輕輕吹，林梢傳來樹葉的娑舞窸窣聲，我彷彿聽到低柔的聲調，在傾訴過往令人垂淚的滄桑。

說實話，雖然最大的樹與最高的樹這兩種紅木都超凡入聖得令人心悸，但或許正因紅杉命運多舛，我心底是比較偏愛紅杉一些的。而且，紅杉能從母體及根系滋生一株株參天子樹，分佈密度遠較巨杉高，置身那樣壯麗的參天巨林中，更加令人動容。

即使至今被砍倒的原始紅杉林已超過 95%， 即使被保護的不到原來的 5%，我仍深深慶幸，今生有緣和這些千古神木邂逅，更深深感念，當初義無反顧成立「拯救紅杉聯盟」的保育前輩們。

從倒木「樹瘤」長出的嫩芽。除了種子，紅杉還能「從母體衍生」，此生存機能在毬果類植物相當罕見。

公園常見的香蕉蝸蝓名符其實，顏色與形狀都像香蕉，長約 15 公分。

公園內的羅斯福馬鹿 (Roosevelt Elk) 為紀念羅斯福總統而命名，成熟公麋鹿可達五百多公斤。

在草原溪州立公園北
邊的海岸道路（Coastal
Drive），看到盛夏綻放的
野花 Delosperma。

世界上最老的樹：白山長壽松

二十幾年前剛搬到加州時，就知道加州不但擁有世界上最大的樹「巨杉」，還有世界上最高的樹「紅杉」。卻是過了好些年後，我才發現目前世界上已知的最古老的樹——古刺果松（Ancient Bristlecone Pine），原來也生長在加州。

古刺果松的拉丁學名為 Pinus longaeva，英文意指 long-lived pine，因此也稱為「長壽松」。世界上最老的長壽松，就長在加州東側、靠近內華達州邊界的白山山脈（White Mountains）；此山脈最高點即是海拔 4342 公尺的白山，是加州第三高峰。白山山脈和西邊的內華達山脈則大致呈南北平行走向。

驅車來到白山山腰，只見西邊的內華達山脈綿延崢嶸，而腳下凹陷的山谷，是千萬年前因造山運動被壓擠成地塹的奧文斯谷地（Owens Valley）。眼前景色也非蒼翠一片，因橫亙西側的內華達山脈攔截了太平洋水氣，使得白山和奧文斯谷地均呈半乾燥氣候，平均年雨量僅二十至五十公釐（試想台北一場豪雨就可能降下好幾百公釐）。

愈到高處，空氣愈清新冷冽。到柏油路終點，海拔已超過三千公尺。此處有一棟遊客中心，門口矗立一排看板，說明此區的石灰石地質特色、高海拔與少雨所造成半乾燥氣候等特殊的自然環境。原來這些千年古松都長在三千多公尺高的山上，真是不可思議。

因氣候乾燥，松樹周圍盡是光禿貧瘠的碎石地，鮮有其他植被。因缺乏遮蔭，而給人一種荒蕪空寂感。我們所在之地雖稱為「森林」，其林相卻迥異於海岸紅杉或巨杉森林。環顧四周，古松一株一株在空曠山坡上孤佇。樹幹泛黃枯挺著，猶如歷盡滄桑的巍巍老者，他那朝向四面八方恣意伸展的枝椏，卻像張開了雙臂歡迎我們到來。

這神木中的神木，到底有多老？

古刺果松的拉丁學名 Pinus longaeva，英文意指 long-lived pine，因此也稱「長壽松」。

科學家主要是根據樹幹橫剖面的一圈圈年輪來研判樹齡。當
氣候較為濕潤多雨時，因生長條件較佳，年輪會比乾燥少雨
的其他年份要來得寬些。因此科學家也可透過古樹的年輪來
推判過去千百年間的氣候狀況。

在發現白山的古刺果松以前，很多人都以為世界上最大的巨
杉，年紀也最老。然而這個觀念，卻因為一位學者的重大發
現而被徹底推翻了。

1953 年亞歷桑納大學樹齡實驗室的艾德蒙‧舒爾曼教授（Dr.

世上最老的長壽松，就長
在加州東側、靠近內華達
州邊界的白山山脈 (White
Mountains)。

古刺果松雄毬果會釋放出
黃色花粉花，由風傳遞至
雌毬果上。雄毬果和雌毬
果長在同一株松樹上，圖
為雌毬果。

古刺果松歷盡滄桑的彎曲
枝幹，柔中帶剛的堅韌生
命力令人讚嘆。

Edmund Schulman）是一位樹木年輪學家，當時他埋首研
究氣候如何影響樹木年輪已逾二十年。他的研究目標十分高
遠——試圖想做一份完整的美西氣候變遷記錄史。在那個時
候，氣候記錄只能回溯個幾百年，舒爾曼教授的計畫，是希
望能回溯到幾千年前，甚或更久。

舒爾曼教授藉由研究道格拉斯冷杉 (Douglas fir) 及其他長青
樹，確實有找到年輪介於八百至一千年之間的樹木。後來是
任職於茵優國家森林區的巡山員艾爾‧諾倫 (Al Noren)，撿
了一些古刺果松的木頭回家當面板，卻注意到木頭上有許
多年輪。他便用顯微鏡仔細觀察，發覺竟是很老的木頭。諾
倫認為年輪學家應該會有興趣，遂將此一發現告知舒爾曼教
授。

舒爾曼教授起初不太相信，便親自來到加州白山，選了一株
體積龐大的古刺果松，用一種特殊的螺絲錐工具，從樹幹中
鑽取出一段如鉛筆一般粗細的木條，就像鑽取南極冰層的冰
芯，這木條上的色層分布，就是該樹的年輪。從年輪可看出
一年四季降水量（包括雨量和雪量）、溫度、濕度、甚或大
氣中的氣體及化學成分變化等。樹幹被鑽取處，通常由滲出
的樹脂保護傷口，或可塗上凡士林避免細菌感染，一兩年內
樹木即痊癒。

舒爾曼教授首次取樣的那棵樹，後來被取名為 "Patriarch"，
即「家長」之意。他在顯微鏡下仔細檢視，詳加記錄每一圈
年輪，發現此樹竟有一千五百年歷史。這是個重大發現，比
他之前所能找到的老樹，都還要老！

更令人振奮的是，舒爾曼教授發現古刺果松的年輪，對氣候
狀況的改變極度敏銳，亦即環境些許差異均會改變樹的年輪
大小和形狀。在乾旱年，年輪異常纖細，在豐水年，年輪顯
著變寬。他自此傾全力研究古刺果松，在 1954 年和 1955 年，
從加州走訪至科羅拉多州，共發現 17 棵古刺果松年齡超過
了四千年，其中 16 棵都生長在加州白山上。

白山海拔 4344 公尺，為
加州第三高峰。從主稜高
山草原冒出的山頂，其實
是座死火山。

逾四千七百歲的神木

1957 年，舒爾曼教授有了驚人的發現，他發現一棵古刺果松年齡達 4723 年，是有史以來人類所發現的「最古老的活樹」。他將此樹命名為「瑪土撒拉」(Methuselah)，因為在聖經中，一位名為 "Methuselah" 的人被認為活到 969 歲，此名遂成為「非常長壽」的象徵。如果舒爾曼教授的推算是正確的，那麼 2016 年的「瑪土撒拉」在世上已經活了 4782 年之久。

中國黃山上著名的黃松，平均歲數約五百年，已讓人們嘖嘖稱奇。加州白山上的長壽松，更超乎想像地，年歲超過了四千七百年。那究竟有多古老？從一顆種子開始萌芽成長，距今到底是多麼久遠的事？

按半個世紀前舒爾曼教授推斷的 4723 歲，屈指一算，那麼早在公元前 2765 年，這棵「瑪土撒拉」剛滿週歲。中國人都說自己是炎黃子孫，黃帝若真生於公元前 2700 年，這棵樹還比黃帝大上 65 歲，可以做黃帝的爺爺了。

當文明古國埃及，在古王國時期（約莫公元前 2589 ～ 2566 年間）為法老胡夫於尼羅河畔的吉薩興建有史以來最大的一座「大金字塔」(the Great Pyramid at Giza)，這棵松樹已超過一百五十歲。當古巴比倫國王漢謨拉比 (Hammurabi) 於公元前 1792 年即位，並頒佈了世界第一部法典《漢謨拉比法典》，此樹已活到九百多歲，將近千年了。

而在中國，公元前十七世紀，當夏朝之諸侯商湯於鳴條之戰滅夏桀建立商朝，「瑪土撒拉」已逾千歲。公元前十一世紀，周武王於牧野之戰擊敗商紂王建立周朝，此樹已超過一千六百歲。而當公元前 551 年孔子出生時，此樹已是一棵年逾兩千兩百年的神木了！

到了公元 234 年，中國正值曹魏、蜀漢、東吳三國鼎立，諸葛亮在第五次北伐與魏將司馬懿大戰於五丈原，因病重而過

此區三千多公尺高海拔與少雨造成半乾燥氣候的特殊環境，古刺果松樹周圍盡是光禿貧瘠的石灰石地，鮮有其他植被。

世，那年，這棵「瑪土撒拉」恰好活到了三千歲！

從這角度去想，才驀然驚覺，我們熟讀的孔孟思想甚或三國演義，都是多麼遙遠以前的事啊？而「瑪土撒拉」在當時竟然已兩三千歲，實在太不可思議了！

轉眼又過了一千八百年，來到今日不分國界跨越時空的「地球村」網路光纖新紀元，超夯的寶可夢、谷歌、蘋果愛瘋、臉書時代，這些千古長壽松，仍遺世獨立於寒風凜冽的三千公尺高山上，如隱居山中修煉長生不老之術的仙者，冷眼觀看底下微塵世界的芸芸眾生。

古刺果松會讓部分植株枯死，好讓其他枝幹生存下去，若最後整株都枯死，仍能屹立千年。

半個世紀前，當舒爾曼教授發現這麼長壽的樹，讓他驚奇不已。他曾這麼說道：「這些樹能活到如此不可思議的年歲，或許，當我們充分了解它時，將可引領我們通往長壽之路。」當時的研究助理道格·鮑爾（Doug Powell）便曾透露，舒爾曼教授一直很希望能找到深藏於此樹中的「神奇因子」——究竟是什麼因素或成分，讓這種樹能如此長命千千歲呢？

不幸的是，舒爾曼教授於翌年 1958 因心臟病猝死，年僅 49 歲。就在那年，美國森林服務署成立了「古刺果松森林保護區」（Ancient Bristlecone Pine Forest），面積兩萬八千英畝——相當於 11,331 公頃，並將其中古松特別密集的一區劃為「舒爾曼紀念林」（Schulman Memorial Grove）。

為了避免遭到惡意破壞，保護區管理單位故意不替那棵最老的「瑪土撒拉」豎立任何牌示。立意雖佳，但任憑訪客自由心證隨意猜測的結果，便是當自己走在舒爾曼神木群中，每一株長壽松就都有可能是那最古老的一棵。雖然解說員好心提示說，因山坡長期受到侵蝕，該樹的樹根暴露在外約兩公尺，但放眼望去，每一株樹幹較粗的古刺果松，看起來都像活過了四千多年。

我想到了百年前的約翰·繆爾曾如此描述這些神木：

「在這最粗糙破碎的石灰岩稜脊上，長著謙遜而非凡的老者，直徑僅有十五至十八公尺，卻可能經歷過上千年的暴風雪而依舊挺立。然而不管年老或少壯，不管是否有所掩護或暴露於最狂野的強風中，此樹總是無法抑制它那毫無節制如繪畫般的逼真美麗，比起我所看過的任何其他樹種，它為藝術家提供了更豐富更多樣的一系列形式。」

生命是如此神奇奧妙。來到三千多公尺高的白山朝聖，在那樣乾燥貧瘠而寒冷的環境中，眼前的古刺果松仍擁有「毫無節制如繪畫般的逼真美麗」，不得不讓人對眼前每一位非凡的亙古耆老們心生敬仰，並由衷讚嘆。

年輕的古刺果松長得像聖誕樹，幼株成長的前一兩百年是生命力最旺盛的時候。

白山遠離塵囂和光害,是
觀賞古松與星空銀河的絕
佳去處。

美國本土四十八州最高峰：惠特尼峰

剛搬到加州的時候，一聽說此州的惠特尼峰（Mount Whitney）
海拔有四千多公尺，竟比台灣最高的玉山還要高，我們在翌
年暑假就去申請荒野許可。此峰位於巨杉國家公園東緣，登
山口屬茵優國家森林局所管轄。當時還如願拿到美國國慶日
長週末的許可，因為在二十多年前是採取「先到先給制」，

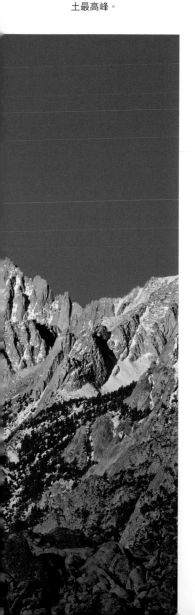

嶔崎的惠特尼峰,峰頂海拔 4421 公尺,是美國本土最高峰。

遠比今日要容易申請得多。近十年改用抽籤制,想抽到許可變得難上加難。

此山傳統路線就叫「惠特尼峰步道」,是百年前由山腳下孤松鎮(Lone Pine)的居民幫忙建造的,戈斯泰夫·馬希(Gustave Marsh)統籌策劃,於 1904 年 7 月完工。從海拔 2550 公尺的 Whitney Portal 開始爬,爬升高度將近一千九百公尺,來回步程 35 公里。即便用兩天時間去走,難度仍算高,主要是高山適應的問題,從平地一下子就爬升三、四千公尺,沒有一兩天時間讓身體適應高度,很容易引起高山症。

第一次去,我們安排三天兩夜爬這座山,除了高度考量,也想在山裡待久些,能有多一點的時間拍攝山水。七月初,山上稜線附近仍積著雪,沿途看到兩三個美麗的高山湖泊。第二天爬到四千公尺高處,最後的之字型爬得有點兒喘不過氣,還有一段長而陡的雪坡,腳穿登山鞋但沒帶冰爪,走得如履薄冰,害怕一失足成千古恨。那時還很年輕,除了一路喘氣,並不覺得身體哪裡不舒服。

好不容易上到主稜,腳步和心情都輕鬆多了,見稜線上好些尖聳岩石。惠特尼峰這座巨大的花崗岩,其實是內華達山脈底部岩盤的一部分。在白堊紀時期,因地底岩漿上衝而形成大量融化的火成岩,凝固之後在今日惠特尼峰底下形成一大片花崗岩層。在過去二百萬年到一千萬年前之間,造山運動抬升了內華達山脈,冰川與河流開始侵蝕表面鬆軟的岩層,經過漫長的歲月而逐漸揭露、雕塑了底下堅硬的花崗岩盤,就是我們今日所看到的,嶔崎的惠特尼峰。

走著走著,遠遠望見光禿禿的山頂有一棟小石屋,據說也是馬希的傑作,為了避免登山客在暴露的山頂遭雷擊斃而興蓋的,完工於 1909 年。石屋附近有好多登山客在休息,終於走到最高點了!

1992 年 7 月 4 日是個值得紀念的日子,和文堯一起登頂合影,歡慶兩人共同打破了在台灣的登山海拔記錄,彷彿人生的視野自此向上提升一層,對未來也看得更高遠、更廣闊了。為什麼要爬山?套句馬洛里的名言「因為山就在那裏」;也

因為流汗播種，必歡呼收割！登頂的歡喜與心中滿滿的豐實感，真是言語難以形容；而沿途湖光山色之美，過程更加令人心醉。或許，這就是為什麼我們老愛跟地心引力作對，至今三十餘年依然樂此不疲。

惠特尼峰到底多高呢？最初測量結果是 4418 公尺，此數據也被嵌在山頂的基準黃銅盤上（由美國地質調查局訂製 United States Geological Survey），但那是 1929 年使用較舊的垂直基準測量而得的。1988 年經過比較精確的測量，估計惠特尼峰約有 4421 公尺高。

後來當我得知，山社學長大威一行三人只用短短一天便完成攀爬惠特尼峰的壯舉，頓時瞠目結舌，驚訝得差點兒說不出話來。

因為爬這座山需 12 ～ 18 小時，若想當天來回，天還沒亮就得打著手電筒上路，除了犧牲睡眠、空氣冰冷、易得高山症，還要注意高處積雪地形。僅用一天攀此高峰，誠可謂「極限運動」。老美身強體壯，那些經常鍛鍊體能超強的人，一天來回不是問題。沒想到大威竟也如此厲害，真的太神奇了！

「那你比較喜歡孤松湖〔Lone Pine Lake〕還是鏡湖〔Mirror Lake〕？」這條惠特尼步道我最愛的就是沿途高山湖泊，便帶著欽佩的口氣問道。

「有嗎？有任何湖泊嗎？怎麼我們好像……都沒看見？」大威一臉狐疑地反問。

原來他們非得當天來回，是不得已的選擇，因為沒申請到荒野過夜許可。三人凌晨三四點出發，經過湖泊群的時候，天還是黑的。等到爬上較高處，有位隊友身體不適，走得很慢，拖到很晚才開始下山。回程再經湖泊群，天又全黑了，也難怪一整趟下來都沒看見美麗的高山湖泊。爬得那麼辛苦，卻如此錯失美景，真的有些可惜呢。但美景誠可貴，生命價更高，只能帶著佩服兼同情的語氣勉勵大威，有生之年一定要再走一趟。

海拔三千公尺高的孤松湖
的花崗岩和長青樹，以及
藍天白雲的倒影。

關於這座山還有一些有趣的典故。1864 年加州地質調查隊深
入內華達山脈，將此峰命名為「惠特尼峰」，是為了答謝領
隊約西亞‧惠特尼〔Josiah Whitney〕知遇之恩，因惠特尼自
1860 年廣納專業人才組成了該測量隊，成員不僅包括地質學
家和地理學家，還包括植物學家、動物學家、和古生物學家

等多學科領域，陣容相當堅強。而就在那次探勘活動中，該隊一位年輕的地質學家克萊倫斯・金恩（Clarence King）試圖從惠特尼峰的西側登頂，但沒有成功。

能首登一座知名山岳，可能是當時每位愛好登山者的夢想，因為可以留名後世。於是七年之後，金恩在 1871 年捲土重來，走另一條路線攻頂惠特尼峰，結果卻不慎登上了南邊的藍里峰（Mount Langley）。兩年之後金恩再接再厲，記取前兩次失敗的教訓，於 1873 年 9 月嘗試登頂，這第三次終於成功了！

可惜金恩遲了一步，沒能成為首登者。因為剛好就在一個月前，三位住山腳孤松鎮的漁民在 1873 年 8 月 18 日成功爬上惠特尼峰，他們登頂歡慶之餘，還幫這座山取名為「漁民峰」（Fisherman's Peak），誠乃近水樓台先得月。而爬了三次的金恩就這樣與「首登者」的譽名失之交臂。

同樣在 1873 年，約翰・繆爾在 10 月 15 日首次試爬惠特尼峰。他也嘗試從西側上山，接近山頂的時候，天已經全黑了，而且他還輕裝，連禦寒衣物也沒有。「到了半夜，我置身主稜上的尖石間，在那兒我必須一整夜都在跳舞，以避免凍死，隔天早上餓得要命而且很虛弱。」三天之後，繆爾改從東側攀爬，結果順利登頂。

圖為鏡湖（Mirror Lake）一景，是走惠特尼峰傳統路線必經之處。

走在惠特尼峰海拔逾四千公尺主稜上，最左側遠方平坦處即山頂。

事實上，這座本土最高峰一直都有名字，原本並不叫惠特尼峰也不叫漁民峰，而是"Tumanguya"——因當地的派猶特 (Paiute) 印第安原住民稱這座高峰為"Too-man-i-goo-yah"，意即「很老的長者」，他們相信主宰族人命運的偉大祖靈，曾經住在那座高山上。然而在 1891 年，美國地質調查局重新評估命名時，仍決定採用加州地質調查隊所取的「惠特尼峰」。

金恩在 1879 年成為美國地質調查局的第一任局長，堪稱舉足輕重的人物。我想，就差那麼一步而未能成為「惠特尼峰首登者」，可能是他此生最大的遺憾吧！

西半球最乾、最低、最熱之處：死谷

打開地圖，瀏覽此區地名：火爐溪（Furnace Creek）、葬禮山（Funeral Mountains）、惡水（Bad Water）、地獄門（Hells Gate）、死人隘口（Deadman Pass）、魔鬼玉米田（Devils Cornfield）、惡魔高爾夫球場（Devils Golf Course）、棺材峰（Coffin Peak）、黑山（Black Mountains）、枯骨峽谷（Dry Bone Canyon）……你所能想到的、駭人聽聞的恐怖名稱，在此集其大成。

到底是個什麼樣的地方，揪集了這麼多令人生畏的、和死亡有關的名稱於一身？

「我聽人家抱怨說，溫度計根本無法顯示多熱，因為裡面水銀乾掉了。凡事皆乾，馬車乾，人也乾，雞也乾；不管死的活的，夏天結束前任何東西都已沒了水分。」美國知名的拓荒作家羅斯‧布朗尼（J. Ross Browne），曾在 1868 年如此鮮活地描述。

請不要懷疑，這個地方就是加州的死谷國家公園（Death Valley National Park）。

為什麼會這麼乾？又這麼恐怖呢？

死谷地理位置約在北緯三十六度，正如世界上的沙漠多在南北緯十五至三十五度之間，受副熱帶高壓影響，此區空氣多下沉增溫，抑制地表對流作用而難以致雨。西邊除了帕那敏山脈、白山山脈，更西側還有達四千公尺的內華達山脈橫亙千里，形成一道厚實高山屏障，阻絕太平洋的海風與濕氣。

自從 1911 年火爐溪成立了氣象站，有正式記錄以來，死谷平均年降雨量僅四十六點五公釐。全年超過三百天的晴朗日照，沙漠區的水蒸發率估計將近三千八百公釐，遠遠超過了該區的降水量。難得凝聚的濕氣從高空飄降而下，可能在半途就被蒸乾了，難怪成為北美最乾燥的地區。

死谷是西半球最乾、最低、最熱之處。給人第一印象，是沒有植被生命的荒蕪景象。

除了乾，死谷還有其他不尋常的記錄。如西半球地勢最低之處，就在黑山西北麓的「惡水」——位於海平面以下八十六公尺。

來到惡水邊緣，若非身後岩壁上方高高寫著 "sea level"，顯示自己正站在西半球最低點，其實並沒什麼異樣感。唯面前那片寬闊明亮的清澈池水，精確地說，是一片被淺水漬浸的化學鹽澤。取名惡水，因它含砷有毒，四周並堆積著白鹼。

從這最低點放眼望去，惡水正對面二十餘公里直線距離，

尤瑞加沙丘 (Eureka Dunes) 位於死谷西北角，加州最高沙丘在此，有些達兩百公尺。

死谷的大走鵑 (Greater Roadrunner)，華納卡通影片有種跑得很快、會發出「嗶嗶～～」的長尾鳥正是此鳥。

牧豆沙丘 (Mesquite Flat) 真長有牧豆灌！其間還有一些酚油叢，也是死谷常見的灌木。

就是死谷最高峰——3368 公尺的望遠鏡峰 (Telescope Peak)，冬季山巔常披著白雪，巍然而美麗。很難想像，大約一萬年前更新世末的冰河時期，此處曾出現逾百公尺深的淡水湖泊，科學家稱之為蔓麗湖 (Lake Manly)，水源來自西側高山冰河融雪與溪流。物換星移，滄海桑田。後來氣候愈來愈乾旱，湖泊早已消逝無蹤，被荒漠與鹽床取代。

死谷地勢又為何這麼低呢？

嚴格說來，死谷本身並非一般山谷，而是下陷的地塹。溯自三千五百萬年前的造山運動，地殼抬升下降，斷層挫裂與擠壓，塑造了加州東部與內華達州西部這整塊地區的平行山脈與盆地形貌。崛起者正是周圍的黑山、葬禮山、帕那敏山脊。而死谷底部下陷的岩盤，據地質學家估測是在地表下約兩千五百公尺深處，地表與岩盤中間填蓋的全是厚實的沉積層。

地勢低，加上極度乾燥，這兩個要素造就了死谷另一項記錄：西半球最熱之地——如果不能算是地球上最熱的。1913年 7 月 10 日在火爐溪測得攝氏五十七度，創下全球最高溫。直到 1922 年利比亞的阿基基亞 (Azizia) 測得了更高溫攝氏五十八度，才取而代之成為今日世界記錄保持者。但仍有人認為死谷是地球上最熱的地方，因其最低點惡水附近的氣溫通常比火爐溪高出攝氏一兩度，因此 1913 年 7 月 10 日當天，惡水區很可能超過攝氏五十八度，可惜那時這裡一個人也沒有。

而最低、最乾、最熱這三項因素環環相扣，也造就死谷今日如此不尋常的地貌。

爬上亂石堆砌的黑山主稜，站在海拔一千六百多公尺的丹堤斯眺望點 (Dantes View)，下方就是死谷的惡水鹽灘與礫石荒漠，向南向北無盡延伸至地平線。這樣缺乏植被的地方，雨水遲遲不來，一來卻像打鉛彈般，使勁兒沖蝕地表，將沙石沖刷至山麓。從山坳一瀉而下，囤積山腳畫出好大一個完整半圓形的沖積扇，說明這一切過程。

死谷谷底積著厚厚粗鹽，
在極乾熱氣候下，地面乾
裂而形成近似六角形的格
狀鹽盤。

從一千六百多公尺高的但
丁斯景點俯瞰死谷，正下
方便是惡水地區。

因地勢低，任何進到死谷裡的水，都無法再出去，唯一逃脫的辦法，只有蒸發。而水所帶進來的任何物質，卻將永遠留在谷裡。久而久之，死谷便成了鹽鍋，鍋裡混雜著千百公尺厚的石膏、粗鹽、和各種礦物。從高處俯瞰，死谷彷彿老天爺以灰白、淺黃、棕褐為色調，繪出一幅平坦廣袤的現代自然抽象畫。

就是這麼奇異的、彷彿在另一個星球的景色，讓死谷成為若干電影的場景。其中最有名的大概是星際大戰 (Star Wars) 第一集的塔圖茵 (Tatooine) 星球，便是在死谷拍攝的。

而最令人驚奇的是，在這如地獄般的蒸熱鹽鍋裡，居然還有生命！

從高處俯瞰死谷鹽鍋，彷彿老天以灰黃、棕褐為色調，繪出一幅平坦廣袤的現代抽象畫。

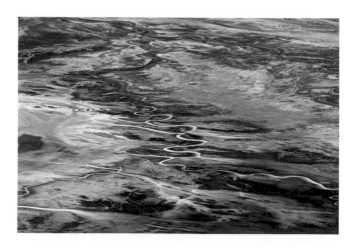

美國本土最大的國家公園

我在惡水邊、沙礫地、沖積扇、甚至鹽田遍佈的惡魔高爾夫球場附近，都見過沙漠冬青 (Desert Holly)。這種藜科植物耐旱又耐鹽，據說兩三年沒下雨也能活，是死谷最常見的植物。葉片蜷曲以減少曝曬面積，乾酷之際，葉面會分泌一層白色鹽膜以反射過多炎陽，淺綠的植株變成銀白體。還有莧科的甜如蜜 (Honeysweet)，這麼嬌美的名字，同樣能忍受惡劣環境，植株灰綠呈橢圓球狀，因其花味香甜而得名。

惡水 (Badwater) 位於海平面以下八十六公尺處，是西半球陸地最低處。

沙漠金，花如其名，不需太多水分便能發芽成長，鮮麗黃花將荒漠披上彩衣。

在鹽溪（Salt Creek），順著步道走進鹽灘，我看到溪畔長著醃瓜草（Pickleweed），不是幾株，而是茂密一片。此植物也稱碘灌（Iodinebush），即使水中鹽度達百分之六，照樣欣欣向榮。另一種耐鹽植物俗稱箭草（Arrowweed），能耐上百分之三的鹽度，死谷有一處稱為魔鬼玉米田的沙地上，到處可見一叢叢孤立箭草，像豎起的乾穗。此葵科植物根部紮實有力，儘管周圍沙土被風蝕殆盡，仍能在孤塚上昂然挺立。

我們還發現了，在牧豆沙丘（Mesquite Sand Dunes）那片乾燥沙丘上，真長有牧豆灌（Mesquite）！雖寥寥可數，這般絕處逢生的景象，仍讓人匪夷所思。這種灌木需較多水分，植株不到兩公尺高，為了覓水維生，主根能向下伸延十五公尺或更長，相當驚人。酚油叢（Creosote bush）是死谷另一種常見灌木，分佈範圍廣，從海平面以下的沖積扇到海拔一千多公尺坡地都能看到；其根部會分泌毒素，讓其他植株無法和自己搶地盤，堅壁清野以獨佔珍貴水源。當春雨來臨，枝頭會長出細碎嬌小的鮮豔黃花，散放清幽的特殊花香。

聽說在鹽溪裡還有魚，稱 pupfish，是從亙古氣候濕潤的蔓麗湖時期遺留至今的，活生生的演化證據。我不曾看到此魚，倒是在惡水灘發現藻狀微生物，在沙丘上瞥見小蜥蜴，在荒野中踽踽獨行的郊狼，還有天空中翱翔的孤鷹。

還有華納卡通動畫裡，一種跑得很快又會發出「嗶嗶」叫聲的大走鵑（Great Roadrunner），我們就是在死谷第一次看到。這種鳥走路的姿勢很有趣，但真實叫聲並非嗶嗶，而是「嘔～嘔～」的低沉嗓音。

我曾以為，沙漠一定有耐旱的仙人掌。奇怪的是，在死谷谷底卻遍尋不著。後來才發現，仙人掌都長在地勢較高的沖積扇或峽谷坡地，因為谷底太乾太鹹，連仙人掌都無法忍受。

我也一直以為，荒漠中的植物都生硬尖銳，針鉤會刺人或多半有毒。後來才發現，這裡也有很多平易近人、嬌憨可愛的野花，會對你頷首微笑表示歡迎。迄今最難忘的景象，是1997至1998年聖嬰為死谷帶來超乎尋常的雨量，野花競相綻放，尤其沙漠金（desert gold）遍地皆是，為荒漠披上了絢

燦亮麗的金黃彩衣，形成三十年來罕見的盛大花海，蔚為奇觀。

原來，生命的種子一直躲藏在焦荒礫土下，等待下一個雨季帶來美麗的重生。

世界著名的博物學家克林頓·梅立恩（Clinton H. Merriam），曾建立一套準則以研究不同的生態區。梅立恩的論點是，大約三百公尺的海拔高度變化，對於植物所造成的效應，相當於五百至八百公里的緯度改變。因此從赤道到北極，可劃分為七大生物區。他並指出海拔高度與溫度的對應關係，即升高三百公尺，氣溫會下降攝氏二到二點八度。

1891 年梅立恩曾和幾位自然學者組成死谷探險隊，勘查死谷的生態環境，從最低的惡水到最高的望遠鏡峰，將死谷分為六大生物區。最低是海拔一百八十公尺以下的乾燥荒漠區，最高是三千四百公尺以上的哈德遜區（Hudsonian zone）——哈德遜海灣是在加拿大北部極圈附近。換句話說，若將死谷生物的海拔分佈換成緯度來看，相當於從赤道到副極地。

從這角度看，就不難理解死谷國家公園為何有如此多樣的動植物種類。至今被記錄的植物逾九百五十種，出現的動物超過五百種——雖然有的晝伏夜出，並不容易被看到。有的隨季節遷徙只是短暫過客，如被記錄的鳥類超過三百種。

北美最乾、西半球最低和最熱之處，正如她淒美的名字所影射，這是個與外界隔絕的獨特世界，極端的世界。

死谷其實有可親的一面。天天天藍，偶而幾朵白雲飄過。因極端乾熱，汗水頃刻蒸發，沒有溼熱環境的黏膩。一束束明亮光線穿透天際，是金色的凝滯。時間在這般清朗純淨的空間中，透明了，靜止著。

然而，鳥不生蛋的貧瘠荒漠，也往往最容易被人們忽略。

誰會無緣無故，想去造訪荒漠呢？更遑論，誰要花力氣去保護一無用處的荒漠？

近看惡魔高爾夫球場的粒鹽。

野玫瑰峽谷中有數座煤炭窯，由瑞士工程師與中國苦力建造於 1879 年，將山區矮松燒成煤炭後，運送至山下供礦場使用。

1997 至 98 年冬季聖嬰帶來豐沛雨量，造成死谷三十年罕見的浩瀚花海，美不勝收。

死谷算是相當幸運的，早在 1933 年便被劃為國家紀念地。因第一任國家公園服務署署長史蒂芬‧馬瑟看到了這塊荒漠的奇特，花了好幾年時間致力於保護區的成立。最初面積不到七十一萬公頃，並因有許多礦採活動而無法成為國家公園。直到 1994 年，柯林頓總統簽署「加州沙漠保護法案」(California Desert Protection Act)，死谷才得以晉級，並擴增至一百三十五萬多公頃，成為當今美國本土四十八州最大的一座國家公園。

這荒漠，似無人跡。在風中，在沙裡，仍有很多活生生的故事，等你來傾聽。

或許哪天，你也將和我一樣，在壯闊得令人心懾的蒼穹下，親觸那寂寥荒漠中，孤伶嬌怯卻堅韌頑強的絲絲生機。奇蹟似地，在靜謐天地中具體成形，散發著無法言喻的、奇異超凡的美。

從惡水望向死谷最高峰
——望遠鏡峰 (Telescope
Peak)，海拔 3368 公尺。

CHAPTER 04

MIC - 加州製造

桃紅色的桃樹和白色的李樹。美國農產品如水蜜桃、杏仁果、開心果、核桃、葡萄等,有高達99%產自加州,相當驚人。

中央谷地桃花源

最早發現加州的氣候有多麼得天獨厚,是在我們家後院。前任屋主種下副熱帶的杜鵑花和溫帶的鬱金香併排著,在仲春和初夏先後綻放美麗的花朵;我親手栽種了幾株副熱帶的枇杷,還有溫帶的杏桃與日本柿子,一左一右欣欣向榮,不但開花結果,而且都非常香甜可口。

感覺上有些不可思議,怎麼會這麼神奇呢?溫帶和副熱帶果樹,竟能在同個院子如此繁茂生長?

居住一段時日之後,才漸漸發現了,原來這都要歸功於加州特殊的氣候環境。小時候在教科書上讀到的「地中海型氣候」,並不需要住到歐洲地中海附近才能體會到,原來加州正是這樣的天氣!冬天較濕潤,主要雨季大致從 11 月到 2 月,為山區覆上層層積雪;夏季乾爽,日日豔陽高照,幾乎很少下雨。不像台灣在夏天常有午後雷陣雨甚或颱颱風,加州沒有颱風,雷陣雨也很稀罕。

拜賜於陽光充沛的優越天然條件,在這邊超市買菜,農產品上面的日期常讓人覺得驚訝。尤其像 Costco 這種大賣場,或一些有機商店如 Trader Joe's,常能買到一兩天前才採收的、超新鮮的草莓。再稍微注意一下包裝上標示的產地,百分之九十九都產自加州,甚或就產於洛城郊區。

都說「食物的碳足跡」愈少愈好,從產地到消費者口中,無須經由長途運送,不但新鮮並可省下運輸過程所需耗費的石化燃料,進而減少車輛二氧化碳排放量。因此買當地食物也是實踐環保的一種有效方式,能大大減少食物的碳足跡。自己因緣際會旅居加州,從日常去超市買當地農產品這件事,竟也無形中一直在實踐環保節能。

民以食為天。原本只覺得加州人蠻幸運也蠻幸福的,有這般良好的氣候、充足的日曬和農作物生長的環境,不用特意做什麼,每天都能嚐到高品質的新鮮蔬果,食物的碳足跡也比

前任屋主在後院種下了桃樹,每到夏天便結出可口果實。

加州中央谷地的桃花源，
遠處是內華達山脈（Sierra
Nevada，亦稱雪山山脈）。

外州來得少。直到近幾年我才知道，美國竟有三分之一的蔬菜和三分之二的水果與堅果，均產自加州。

若從「以農立國」的角度，加州其實很有本錢脫離聯邦成為一個獨立國家的。根據加州食物農業局在 2015 年出爐的官方統計結果，儘管 2012 到 2014 年連續三年出現史無前例的乾旱，加州農牧業仍創下 540 億美元產值，將近美國的 13％，在 50 州排名第一。其中乳製品產值達 93.6 億，約佔全美五分之一強。農產品如杏仁果、開心果、核桃、無花果、奇異果、橄欖、水蜜桃、石榴、葡萄、葡萄乾、椰棗、黑棗、糯米等有高達 99％產自加州，相當驚人。而杏仁果更高達全球產量的 90％。

統計資料顯示，加州農業之所以能在全美名列前茅，中央谷地（Central Valley）的貢獻功不可沒。2014 年農產值最高的前三名郡縣均位於中央谷地，包括第一名的圖萊里郡縣，高達 80.8 億美元，第二名的克恩郡縣達 75.5 億美元，第三名的弗雷斯諾郡縣有 70.4 億美元。光這三個郡縣加起來，便佔了加州總產值的四成多。

中央谷地位於加州中央地理位置，緯度介於北緯 35 度到 40 度之間——相當於西班牙南部到摩洛哥北邊，算是地中海型氣候。這一大片寬闊平地，寬 65 至 100 公里，南北長約 720 公里，面積達五萬八千平方公里，比台灣要大上許多（台

杏仁林（Almond Trees），看到此景就不難理解加州杏仁果產量高佔全球 90%。

灣南北縱長僅 394 公里，面積約三萬六千平方公里）。谷地呈西北、東南走向，大致和太平洋岸平行。北以喀斯喀特山脈（Cascade Range）為界，東側為內華達山脈，南端是特哈查匹山（Tehachapi Mountains），西邊則是海岸山脈和舊金山灣區。

這個農產富饒之地，集水區達十六萬平方公里，超過加州三分之一面積。三個主要排水體系分別是北部降雨較豐的薩克拉門托河谷（Sacramento Valley），中南部較乾的聖華金河谷（San Joaquin Valley），與最南端半乾旱的圖萊里盆地（Tulare Basin）。藉由水庫和運河等遍佈的灌溉系統，中央谷地不但在美國數一數二，也是全球最具生產力的農業區之一，難怪從以前就被稱為「偉大谷地」（the Great Valley）以及更厲害的「金色帝國」（Golden Empire）。

所以能成為金色帝國，要拜賜於聯邦水利局自 1933 年啟動的「中央谷地計畫」（Central Valley Project，簡稱 CVP）。這項水資源管理計畫，是為了儲水並調節南北區全年的水資源分配——因中央谷地北部的薩克拉門多河谷降雨量豐沛，農民在雨季常受水患之苦，而谷地中南部的聖華金河谷在夏天乾季卻常缺水鬧旱，水利局在周圍山區如內華達山脈和海岸

走進桃花林中，但見粉紅色桃花到處撲天蓋地，濃得化不開。

山脈建造了逾二十座水壩和水庫、一系列運河、槽道與抽水站等，以控制洪水並避免旱災。

此計畫成效顯著，有了穩定的水資源，中央谷地的北部河谷不再經常氾濫成災，沿河各主要城鎮開始欣欣向榮，而南部原本半乾旱的谷地也成為生產力極高的農作區。

若非親眼目睹，很難想像加州中央谷地的農作規模到底有多龐大，用「一望無際」都不足以形容。山社老嚮學長曾傳來弗雷斯諾鎮著名的「花步道」(Blossom Trail) 圖片，謝謝他分享美麗的寫真，讓人覺得無論如何也要身歷其境一番。趁二三月桃花盛開之際專程踏訪，但見粉紅色桃花到處撲天蓋地，濃得化不開。遠處是皚皚白雪的內華達山脈，景色美如詩畫，比想像中還要令人心悸。還有白色杏花林也是，頭頂腳底全鋪滿了杏花，美得脫塵絕俗，仿若化外仙境。

只不過，中央谷地的水資源管理計畫雖解決了水災旱災問題並大大提高了農作生產力，水壩的興建卻對原始生態環境造成無法彌補的損害。原本溯河而上的鮭魚無法回到故鄉導致數量急遽銳減甚或絕跡，很多自然棲地環境如河岸草原、沙洲曲流、溼地沼澤等，均因河水流量的改變而消失，還有諸多歷史考古遺址和原住民部落土地，都因這項計畫而被埋在水庫底下。最嚴厲的批評，是認為中央谷地根本不該推動高用水量的灌溉農業，不但改變了自然生態，更會污染河流和地下水。

枝頭上粉紅色桃花的特寫。二三月盛開之際。

聯邦水利局自 1933 年啟動的「中央谷地計畫」，讓南部原本半乾旱區也成為生產力極高的農作區。

魚與熊掌不可得兼。1930 年代適逢經濟大蕭條，求三餐溫飽都有問題了，根本無暇顧及生態環境。今日農民遠比昔日富足，得以回過頭來重新審視保育議題。近幾年為了因應 1973 年瀕危物種法案（Endangered Species Act of 1973），水利局不得不調整河水釋放量，以保護脆弱的三角洲生態體系，讓此區不斷減少的魚類群種得以繼續生存。經濟開發與生態保育難以兩全，若能尋求彌補與平衡之道，或許能將損害減至最低吧！

葡萄美酒夜光杯

曾聽過這樣的說法，加州人對任何事都很隨意，但對於葡萄酒卻很認真。也許你並不那麼愛喝酒也不在意品酒這回事，但無可否認地，在天天天藍的溫暖陽光下，當我們漫步於彩霞滿天的黃昏海邊，或置身於瑰麗壯闊的自然奇景中，或在曠野星空下圍著營火與好友閒話家常，甚或在格調高雅的好萊塢戶外音樂廳，愜意地品嚐香醇美酒，享受羅曼蒂克的氛圍，確是人生一大樂事。也不一定要喝多，就拎著高腳杯聞聞芬芳撲鼻的酒香味兒，啜飲淺酌一兩口，也足夠讓人心醉了。

葡萄成熟時，紅葉蔓藤中但見串串成熟葡萄，顆顆新鮮豐盈。

加州陽光是出了名的，因而坐擁「金色之州」（Golden State）的美譽。但可能很少人知道，陽光普照、氣溫宜人的美好氣候，加上長達一千三百公里海岸線的雲霧和涼風所造成的「空調」效應，還有灌溉渠道遍佈的中央谷地廣大種植面積，也讓金色加州成為全世界葡萄酒的重要生產王國。

攤開官方統計就不難發現，全美國有將近百分之九十的葡萄酒產量來自加州。更驚人的是，如果加州自成一國，葡萄酒總產量排名將僅次於法國、義大利、西班牙，高居全球第四大生產國。

加州葡萄酒產業的源起，最初得歸功於西班牙聖方濟會傳教士，在十八世紀後半葉從墨西哥北上逐步建立教會，並闢建葡萄園以釀酒供彌撒之用。十九世紀中葉的淘金熱吸引一波波新移民來此定居，增加大量勞動人口，提高飲酒的需求，同時帶動了葡萄酒業在北加州的索諾瑪（Sonoma）和納帕（Napa）郡縣的新興成長。

加州第一個商業酒廠是「布埃納維斯塔」（Buena Vista Winery），這個品牌到今天還能喝到，是由匈牙利移民阿戈斯頓‧哈拉斯替（Agoston Haraszthy）於 1857 年在索諾瑪郡建立的。哈拉斯特從歐洲引進加州栽種的葡萄多達三百多種，不但是釀酒先驅，還是一位作家，是早期為加州葡萄和

酒寫下具體報告的第一人，除了投稿發表心得，並到處演講教人如何栽培葡萄與製酒，被認為是「加州葡萄栽培業之父」。緊鄰索諾瑪郡的納帕山谷，則在 1858 年由約翰·帕契特（John Patchett）建立第一個商業葡萄園；1861 年並由查理斯·庫魯格（Charles Krug）創建首座商業釀酒廠。到十九世紀末，此區已有超過 140 家葡萄酒廠。

葡萄美酒雖帶來了高雅的生活品味，卻也是許多人辛勤工作的血汗成果。諾貝爾文學獎得主約翰·史坦貝克（John E. Steinbeck, 1902~1968）是道地加州人，寫了一本社會寫實小說《憤怒的葡萄》獲得國家圖書獎與普立茲小說獎，就是描述當時美國窮苦農民迫於現實困境，不得不遷往加州的艱辛過程及錯綜複雜的心路歷程。葡萄不僅代表辛苦勞動的果實，也象徵無產階級貧民心中對於生活艱苦和待遇不平等的憤怒。說到這裡不能不提一下，華人移民勞工在加州葡萄酒業發展初期也曾扮演重要角色，例如建造酒廠，闢墾葡萄園，開挖地下酒窖，幫忙採收葡萄等，有些還成為釀酒助手。但自從 1882 年國會通過【排華法案】，嚴重歧視打壓排擠華人，到 1890 年幾乎所有華人勞工都從製酒業銷聲匿跡了。

長達一千三百公里海岸線的雲霧和涼風，為葡萄種植帶來「空調」效應。

中央谷地原有不少溼地沼澤，後來灌溉渠道遍佈，亦成為葡萄酒的重要生產地。圖為中央谷地的瑪瑟德國家野生動物保護區。

葡萄栽培業在十九世紀後期和二十世紀初葉曾遭受嚴重挫折，包括根瘤蚜蟲病蟲害的爆發導致大片葡萄藤死去，1919 年至 1933 年的全國禁酒令，以及在 1930 年代接踵而至的經濟大蕭條而一度衰微。幸好二次大戰之後，加州葡萄酒業逐漸復甦好轉。

儘管加州從 19 世紀便開始量產葡萄酒，但遲至 1960 年代，才開始釀造比較高品質的葡萄美酒。

1976 年是意義非凡的一年，堪稱是加州葡萄酒業的分水嶺。那年有位英國酒商邀請幾家加州酒廠參加巴黎品酒大會 (Judgement of Paris wine tasting)。加州最好的酒被拿去和法國最好的酒——來自兩個著名產區波爾多 (Bordeaux) 和勃艮第 (Burgundy) 的名酒評比，結果加州葡萄酒竟打敗了法國酒，在紅、白葡萄酒類競賽均勝出，震驚國際而一舉成名。整個葡萄酒世界，對加州生產葡萄酒的潛力開始改觀並予以肯定，加州自此躋身為「世界級最優質的葡萄酒」產區之一，並足以和歐洲傳統美酒並駕齊驅。

典型的地中海型氣候及特殊的地理與地質等優越條件，讓加州有利於生產高品質葡萄品種。幾乎全年豔陽高照的加州，擁有讓歐洲產區羨慕不已的悠長葡萄生長季節；西側長達一千三百公里海岸線帶來了太平洋的雲霧與涼風，使得沿海葡萄園在中午以前經常籠罩於霧氣之中。這般特殊的天氣與空調效應，得以讓夏多內 (Chardonnay)、皮諾 (Pinot Noir) 這些適合較低溫環境的品種慢慢醞釀累積，而成就冷涼產區所特有的細緻優雅質地。位於內陸的山谷河岸區雖較海邊炎熱，但湖泊河流等水文環境也會產生類似的溫度調節影響。至於丘陵山坡地，不但獲得充沛日曬，也同時受惠於雲霧帶來的冷卻效果，是卡本內蘇維儂 (Cabernet Sauvignon，也譯為赤霞珠) 和梅洛 (Merlot) 這兩個葡萄品種的最愛。

舉今日名聞遐邇的納帕酒鄉為例，納帕山谷在北緯 38 度附近，相當於義大利南端西西里島。納帕山谷的夏天要比西側的索諾瑪郡和南加州的聖塔芭芭拉郡更暖和些，因此納帕酒廠青睞的紅酒葡萄品種為卡本內蘇維濃——此品種原產地是在法國西南區，據說是在十七世紀時將法國產的卡本內黑葡

每家釀酒場的外型都有別出心裁之處，有些連大門的屋簷藤架都種了葡萄。

有些酒場也讓遊客參觀地下室的釀酒庫，只見釀酒桶整齊地排列堆疊。

萄和蘇維濃白葡萄兩個品種交配而成，因其容易栽種，皮厚不易腐爛且抗蟲性高，而成為非常普遍的釀酒品種。

除了「天時」──老天爺賞賜的良好氣候，還有「地利」──加州具有十分多樣化的土壤型態，包括砂土、粘土、砂粘土、花崗岩風化土、火山灰、海底沉積岩土、河流礫石土等，每一種土壤都含有獨特的礦物成分，可培養出各具風味的釀酒葡萄。此外還有「人和」──自十八世紀以降，來自全世界各地的大量移民選擇以加州為家，不但帶來故鄉的葡萄藤蔓，也把釀酒技術一併帶來。關於土壤的、關於氣候的、關於葡萄栽種等這些透過辛勞血汗經年累月學得的訣竅與祕密，都被當成珍貴的傳家之寶，一代一代相傳下來。

天時、地利、人和，造就了今日加州美酒獨特而多樣的風貌。雖然近一二十年全球氣候變遷導致天氣相對不穩定與嚴重乾旱，都對加州葡萄酒業造成極大的挑戰，但也給予釀酒師很多研發試驗的機會，開始釀造具有在地風味或當地特色的酒款，而非一味追求歐洲酒評家的讚譽青睞。

在納帕山谷內的葡萄園，
如棋盤方格的綠蔓藤架，
井然有序地排列。

葡萄美酒夜光杯，或許正是這般多樣化的訴求，讓口感濃郁的加州葡萄酒風格獨具，也更加迷人。

「聖嬰」帶來的罌粟花海

每年到了春天三月，我們都很期待加州的野花能夠折姃紫嫣紅開遍，花花草草由人戀。尤其在羚羊山谷加州罌粟保護區（Antelope Valley California Poppy Reserve），至今仍保留莫哈維沙漠部分的草原棲地生態，如果降雨夠豐沛，而溫度又適當，保護區逾七百公頃的荒野及其鄰近地區往往能綻放出一片如地氈般的驚人花海。

加州罌粟花又稱為金色罌粟，英文為 California poppy，還有另一個很好聽的名稱 "California sunlight" ──加州陽

羚羊山谷加州罌粟保護區面積逾七百公頃，在雨量豐沛的聖嬰年綻放出驚人花海。

此花為罌粟科花菱草屬，原產於美國和墨西哥的原生草本植物，以加州為主要分布區。

光，其學名 Eschscholzia californica，分類是罌粟科花菱草屬，原產於美國和墨西哥的一種原生草本植物，而以加州為主要分布區。

也因此，加州罌粟早在 1890 年 12 月就被加州州立花卉協會以高票選為州花。不過卻到 1903 年才得到官方認可，並指定每年 4 月 6 日為加州罌粟節。罌粟的金黃花瓣十分鮮明亮麗，用此花代表金色之州，可謂恰如其份。加州州界高速公路的歡迎路牌還有地區景觀道路的牌示，都繪上金黃罌粟作為象徵圖案。

此花植株從十幾公分高到五、六十公分都有，一枝花莖頂著一朵四瓣花，花瓣顏色或金黃或橙橘，帶有絲緞般的質感。我覺得此花最特別的是會進行睡眠作用——即花瓣會跟著日出而慢慢綻開，隨著日落而漸漸收闔，等到翌日早上再度綻放，通常在正午前後開得最盛。當天氣不好、多雲、強風、或比較寒冷的日子，罌粟的花瓣有可能一整天都閉闔著。所以想拍罌粟花大朵綻開的寫真，不但要選個大晴天，還最好趕在日正當中的時候。

只不過野花的盛放端賴冬雨的滋潤，每年狀況都不一樣。我們迄今在加州已住了四分之一世紀，只有 1997～1998 年冬季見識到聖嬰為南加州帶來 210% 超出一倍的充沛雨量，還有 2002～2003 年也曾出現小聖嬰，親眼目睹滿山遍野一望無際的花海。

可能有人會問，什麼是「聖嬰」呢？

最早發現聖嬰現象的是秘魯討海人，用西班牙文稱之 "El Niño"，有人直譯中文為「厄爾尼諾」，英文則是 "Christ child" 之意，因為海洋變暖通常是發生在聖誕節之後。對秘魯人來說，聖嬰算是常態，只不過規模有大有小。1960 年代以前，聖嬰被視為南美太平洋沿岸特有的現象，後來科學家才發現，聖嬰和整個赤道太平洋的風向與溫度改變有關。

要明白聖嬰的成因，必須先瞭解熱帶太平洋正常狀況下的風向體系。我們知道，太陽照射赤道區比其他地區來得強些。

赤道區氣流上升，亞熱帶地區的風便吹向赤道區，並因地球自轉因素，由東向西吹，在熱帶太平洋區域上形成廣大的赤道東風帶。

在赤道東風推波助瀾下，海水也被往西推，印尼的海平面就比秘魯海平面高約 50 公分。而秘魯沿海——即太平洋東側水域，因表層海水一直被往西推，下層富含浮游生物較冷的海水跟著補上來，秘魯就因這營養海水而成為世界五大漁獲量最多地區之一。

因西太平洋的海水較暖且較深，東太平洋海水則較涼而略淺，太平洋東西兩區海水溫度差異，便對氣候造成影響：西太平洋因海溫高，致使大氣對流旺盛，如印尼多雨潮濕，秘魯卻乾燥少雨。我們可把對流旺盛的西太平洋看成一個大量釋放熱氣和濕氣到大氣中的暖水爐，當這巨大的暖水爐改變火力或移動位置時，便連帶對全球氣候產生了波及效應。

所謂聖嬰，便是當赤道東風減緩，所引起的一連串自然現象。就這麼想，當赤道區的海水不再被風一直往西推，東太平洋下層的冷海水，上補的量跟著減少，秘魯海面溫度也隨之增高，太平洋東西海面溫差也就變小了。在這般連鎖反應下，赤道東風更形減弱，使得對流旺盛的暖水爐火力變小或有東移的趨勢，繼而擾亂世界各地慣常的氣候型態。

目前科學家已能藉由衛星所偵測蒐集的海面地形資料，依海面高度的「異常值」來研判聖嬰形成的趨勢，成功預測聖嬰發生的可能性。譬如 1997 ～ 98 年的聖嬰，科學家早在1997 年春天便預測它確定會形成。

聖嬰和全球不尋常的天氣有著密切關係，影響最大的地區通常在赤道附近，平時少雨的東太平洋出現水災，多雨的西太平洋卻鬧旱災。1997 ～ 98 年的聖嬰可能是二十世紀最厲害的一次，加州因降雨量大增，優勝美地山谷歷經百年來最嚴重的洪水，但在荒漠中卻長出一望無際的野花，除了羚羊山谷罌粟保護區、戈爾曼隘口 (Gorman)、甚至連極度乾燥的死谷都出現了罕見的盛大花海。

洛杉磯北邊 5 號公路上的
戈爾曼隘口，聖嬰年盛放
的紫色羽扇豆和罌粟花。

自從見識了聖嬰帶來的神奇效應之後，我們就把「何謂野花
盛放」的標準訂得很高很高了。自然而然地，對全球氣候變
遷而導致加州近幾年嚴重乾旱和冷熱無常，野花狀況遠不如
往昔，難免會感到悵然若有所失。

然而，每當春回大地之際，我總抱持滿懷的希望，一心期盼
沙漠荒野中蘊藏的堅韌生命，在足夠的冬雨滋潤下，再度奇
蹟般地綻放出令人驚嘆的遍地野花。

會自行移動的神祕風帆石？

沙漠中再怎麼荒涼，仍能
發現生命隱匿其間。

第一次在死谷國家公園遊客中心的書架上看到「會自行走
動的石頭」這樣的圖片，並不太相信那是真實的天然情景，
圖說卻清楚描述著該景是拍攝於死谷。「奇怪了，來這裡
這麼多次，怎麼從沒見過這般奇特的景象呢？」後來因緣
際會，得知朋友棟恩 (Don) 知道確實地點，而且很幸運地，
他很樂意帶我們一起去見識奇景。

那地方不但相當偏僻，而且沒有柏油路。棟恩開著四輪傳
動車帶我們從尤必悉比火山口 (Ubehebe Crater) 柏油路盡
頭接上土石路，地圖上標示只要再開四十多公里路程，看
起來不遠，但土石路凹凸不平，一路坑坑洞洞，我們在死
谷其他地方都沒走過狀況這麼糟的路。這麼崎嶇不平的路，
車行時速若以十五公里計，至少得花三個小時才能到，所
以感覺很遙遠。

棟恩掌著方向盤，起先開得還蠻斯文的，後來覺得時間可
能不太夠，漸漸不把土石路當一回事兒，開得愈來愈猛。
我不時盯著駕駛座前方儀表，指針常衝破三十公里。速度
一加快，車身顛簸得更厲害，在後座綁上安全帶，身體仍
不時被晃得東倒西歪七上八下，有時感覺腦袋都快撞上車
頂了。

難怪沿途看不到什麼人影，走這種爛路不但需要高底盤的
四輪傳動車，還得攜帶備胎（當然也要知道如何換胎）以
防萬一。「時間還很充裕，可以慢慢開不用急……」我忍
不住低聲說道。並非怕顛跛，而是怕爆胎，如果中途需換
胎將耗費更多時間，反而欲速不達。

果然，真遇上爆胎了。不是我們的，而是前面兩個年輕小
伙子的車。雖然素不相識，棟恩仍秉持人溺己溺的精神，
立刻停下車來幫忙，並熱心鑽到車底助一臂之力。我看那
換下的破胎，凹扁得幾乎成了半圓形，堪稱慘不忍睹。所
幸老美換輪胎似乎是家常便飯，不一會兒就換妥備胎，年

輕人禮貌稱謝後，一路呼嘯揚長而去，車後捲起一大片漫天漫地的灰塵，簡直來飆車的。我心想，若再重蹈覆轍，他們還有備胎可換嗎？

一路往南搖晃顛躓個四十多公里，終於到達目的地跑道山谷（Racetrack Valley）。放眼望去，別說四周毫無人影，平坦遼闊的谷地完全沒有植被，彷彿連其他生物體都不存在於這荒蕪山谷中。下車徒步走進荒漠中，才不過四月初，已炙熱難當，白花花的強烈陽光從沙地盡數反射回來，感覺上猶如置身烘熱烤箱中。地面因過於乾熱而龜裂，變得

在死谷的跑道山谷，沙漠盆地間的「走石」，被浪漫地稱為「神祕的風帆石」。

近乎六角形的格狀，整個大地就像一塊又一塊六角拼圖，天衣無縫密密拼湊而成，向四面八方一望無際地鋪陳開來。

「千山鳥飛絕，萬徑人蹤滅」大概都沒有眼前景色來得荒涼。儘管燠熱難當，仍難以按捺興奮的心情，就快要親眼目睹書中的奇景了。拎著水壺，義無反顧地大步向前邁進，三人分頭去找「會走動的石頭」蹤跡。走啊走，尋尋覓覓。再走啊走，愈覺乾熱。漸漸地，眼前這一大片規則卻又不太規則的天然格狀拼圖，竟讓人開始有些頭昏眼花。

直到我站在一塊石頭前，一切才定了影。

果然像書中「走石」的圖片，石頭立在乾裂地面上，身後拖曳一條長長的移動軌痕，而石塊大小恰與痕軌的寬度吻合一致。感覺有些科幻，難不成有人沒事推著石頭走上幾百公尺？

非得親眼見到，才能相信確有其事。但當事實擺在眼前，又覺得不太真實而仍難以置信。為什麼這裡的石頭像是會

風帆石的成因，除了強風和暴雨，還有微生物群落的沉積淤泥造成光滑地表。

在茶壺交會口（Teakettle Junction）的牌示，被掛上許多茶壺當裝飾，很有趣。

走路的呢？真是太詭異，太離奇了！

究竟是什麼原因造成如此奇特的現象？科學家們當然會比我更想破解這個謎底。

其實我們眼前這沙漠中的封閉盆地，原本是個乾涸的湖床。其表層是由極細的淤泥組成的。有些科學家認為，當驟雨打了下來，盆地表面會變得非常滑溜，而從山上狂吹而下的強風，若足以帶動盆地邊緣崩落的石塊，石塊便能在滑潤平坦的泥地中，順著風向一路滑行，颳西風就被推著向東移，颳北風就被推著往南移。當泥地漸漸變乾了，石頭

1997 至 98 年冬季的聖嬰帶來超乎尋常降雨量，連極度乾燥的死谷都出現了罕見花海。

冬雨需足夠，種子才能萌芽開花，春天的沙漠金花把握短暫生命，燦爛綻放。

走過而壓印出的長長軌跡便會完整呈現出來，而形成「走石」的奇觀。這是淤泥理論。

另外一則報導，是 2011 年美國加州大學的研究學者在 15 塊石頭上裝置 GPS 全球定位系統追蹤器，並在附近架設了攝影機。經過長時間的追蹤拍攝，他們發現了一個有趣的現象，即當地罕見的沙漠大雨，會使湖床淺淺積水剛好淹沒了石頭底部。而沙漠日夜溫差大，若夜間溫度低於零下，會使湖床表面在夜晚形成一層薄冰；當太陽升起融化了薄冰，可使堅硬的地面變得軟滑，此時若颳起強風，加上風力推動便讓巨石開始「走路」。此論點和前述淤泥理論相似，但加了一項薄冰因素。加州大學的研究還指出，巨石移動得非常緩慢，約每分鐘 15 英呎。

最近一個研究報導，譯者還把「會走路的石頭」取了個很浪漫的名字叫「神祕的風帆石」。說在 2015 年西班牙馬德里的康普頓斯大學研究人員發現，此區冬季的暴雨會導致乾涸的湖面產生水流，加上冬季的強風，便能推動水流與風帆石向前滑行。但石頭之所以能移動，其實還有另一個十分重要的推手「微生物群落」——是由藍藻等單細胞藻類及其他微生物組成，牠們會分泌光滑的物質並在乾涸的湖面形成一層沉積淤泥，當被雨水浸溼之際，便能為石頭提供一個光滑的移動平台。而當湖面乾涸後，地面上便出現一條長長的軌跡。因沒有人類或動物介入其移動過程，看起來便像是會自行移動的神祕風帆石。西班牙研究人員還指出，只有在冬季，才有足夠的自然條件形成風帆石的移動軌跡，軌跡會隨著時間而淡化消逝。

但為何只有此處有這般景觀，死谷其他地方都看不到呢？很多自然現象或可用科學來解釋，然而一經抽絲剝繭，那最初始的奇妙與巧合，仍讓我感到深奧得無法理解。

神祕的風帆石，我愛極這般如畫的詩意，遠離塵囂的靜寂。但很多人到此並非來吟唱作詩，而是在艱難環境下追求此區礦脈涵藏的經濟價值。看公園地圖上「鬼鎮」散佈，留下空蕩蕩的斷垣殘壁，便可窺知死谷曾是人們尋夢之處。當夢想成幻影，人潮褪去，又還回死谷本來的蕭瑟沉寂。

在加州過冬的帝王斑蝶

十幾年前，就聽說在加州可看到帝王斑蝶過冬叢聚的景象，
那時還特地到傳說中的棲地莫洛灣 (Morro Bay) 尋找。知道
帝王斑蝶是橘黃色的，想像中，若有成千上萬帝王蝶聚在一
塊兒，應該很醒目很容易發現的。結果兜了好幾圈，卻遍尋
不著。

用長鏡頭看帝王斑蝶密密聚在落羽杉樹上，白天氣溫回暖，牠們會張翅曬太陽。

沒能找到蝴蝶，覺得好遺憾，心下一直惦記此事。近年因緣際會，聽山社老嚮學長說在北加蒙特利灣也有一處帝王蝶過冬棲地稱為 Monarch Grove Sanctuary，便順道前往探勘。見入口有解說志工，頓時安心不少，這下不用擔心找不到蝴蝶了。跟著人群往林裡走，見步道沿途少許帝王蝶翩翩飛舞，走一圈出來，看到的蝴蝶卻屈指可數。

咦，真奇怪，不是說有「成千上萬」嗎？

正想回入口處請教解說志工，旁邊一位中年婦人倒先發問了：「並沒看到什麼蝴蝶啊？」

她身旁友人回答：「有，牠們都在樹上，要仔細看……來，這裡有個望遠鏡……」

中年婦人湊上前去，瞇眼看了望遠鏡立刻驚叫出聲：「哇！樹上真的有好多蝴蝶耶！」

我也跟著湊上前去看個究竟，忍不住「哇！」跟著驚嘆，原來蝴蝶在高處樹枝上，闔著翅膀成串懸掛著，就像一叢叢枯葉似的，若非有人指點，根本看不太出來，難怪之前都找不到。帝王蝶密密麻麻層層疊疊，奇特的景象令人驚豔，終於看到傳說中的帝王蝶樹叢了！

這一小片海邊樹林，有高聳的尤加利樹和較矮的落羽杉（Cypress）。據解說志工解釋，原產於澳洲的尤加利樹因長得比杉樹高，可提供更多的遮蔽與保護，加上尤加利樹冬天開花，因此帝王斑蝶大多選擇有尤加利樹的混和林過冬。

身著華麗彩衣的帝王斑蝶英文為 Monarch Butterfly，學名 Danaus plexippus，又稱君主斑蝶或大樺斑蝶，分布範圍廣泛，在北美可能是最廣為人知的蝴蝶。其蝶翼張開約 9 ～ 10 公分，有顯眼的橘黑色斑紋；雌雄異形，雄蝶的後翅中央有一長橢圓形黑斑，身形比雌蝶大些，黑色翅脈也較雌蝶來得細。

北美帝王斑蝶以洛磯山脈劃分為東西兩大族群。每當十月天

氣轉寒，帝王蝶本能地向南飛以逃避冰凍的氣溫——洛磯山脈以東的族群會往南遷徙到墨西哥中部山區過冬，洛磯山脈以西的族群則遷徙至加州中南部沿岸。從北到南，有些要飛超過一千六百公里（等於台灣南北來回四次不止）。

到了十一月，西部帝王斑蝶多已抵達過冬棲地，從舊金山海灣到聖地牙哥沿海樹林都可見其蹤影，而以南加州的匹斯莫州立海灘（Pismo State Beach）數量最多，每年十一月到二月來此過冬的帝王蝶從兩萬到二十萬不等。這些克服萬難、千里迢迢南下過冬的一代，可活上六至八個月，被稱為「超級世代」（Super Generation）。在晴朗冬日，帝王蝶會短暫飛離棲樹，四處尋找花蜜和水以補充養份。

為何稱為「超級世代」呢？這要從牠們的生命週期說起。

度過寒冬的帝王蝶，二月情人節正是求歡季節，雄蝶交配後不久即死去。二月下旬當天氣回暖，雌蝶開始往北遷徙產卵。雌蝶一生可下好幾百粒卵，乳白的卵就針頭那麼一丁點大。因其幼蟲只吃乳草屬植物（Milkweed），交配後的雌蝶會四處尋找合適的乳草，將卵產於葉背上，不久也死去。

蝶卵約 3 至 6 天孵化為幼蟲，視環境溫度而定。幼蟲先將卵殼啃光，接著日以繼夜大啖乳草嫩葉。接下來兩三個禮拜，原本僅 0.15 公分的幼蟲，會長成約 5 公分的毛毛蟲，體重比出生時增加 2700 倍——此速率相當於人類嬰兒在兩週內長到像灰鯨那麼大！正因這般快速成長，幼蟲在此期間會蛻皮四次。

發育成熟的毛毛蟲會尋找穩固的枝葉結蛹，牠們先吐絲織一塊絲墊，將尾部固定於絲墊上，身體頭下腳上成為 J 字形。經過 15 至 20 小時，毛蟲第五次蛻皮，變成綠色蝶蛹，蛹上綴飾一排精巧的金點，而蛹內則進行重組大改造。約莫再過10 天，綠蛹變成透明的，可看到蛹內的橘色蝶體。羽化的帝王斑蝶破蛹而出之際，先依附樹枝上，從腹部將體液注入翅脈中，將皺皺的翅膀撐開。待翅膀乾了，牠們便展翅加入遷徙的行列。

我們能在加州如此近距欣賞洛磯山脈以西的「超級世代」，真的很幸運。

交配中的帝王斑蝶，雄蝶在上，後翅中間有兩點黑色性斑，身型稍大些。

因幼蟲的主食乳草有毒性，變成蝴蝶體內已蓄積大量毒素，正是「愈美麗、愈危險」，較不會被天敵捕食。春夏出生的新一代帝王斑蝶會繼續北飛，交配，將卵產在乳草上，然後死去。夏蝶的壽命僅六至八週，但牠們的下一代仍會繼續北飛，一路追逐成長的乳草。此過程週而復始，在整個夏天會重複四到五次。

最奇特的就在於，當秋天白晝愈來愈短，新誕生的帝王斑蝶不會交配死亡，而是本能知道要開始往南遷徙。這群超級世代的壽命是父母好幾倍，憑著長壽和無比耐力一路乘風歸來，回到好幾代之前曾曾祖父祖母們的過冬棲地。

帝王斑蝶怎麼知道先祖們曾在哪兒過冬呢？隔了四、五代之久，牠們是如何傳承這千里遷徙所需的資訊呢？科學家猜測是基因傳承，也可能是地球磁場或太陽位置的引導，答案至今仍莫衷一是。

若不仔細看，過冬的帝王蝶叢懸掛高處，真的很像一叢叢枯葉。

隨季節遷徙或許沒什麼稀奇，就像候鳥會回到溫暖地方過冬。但帝王斑蝶與眾不同之處，是須藉由「多世代」遷徙，才能完成南北數千里的旅程。真教人覺得匪夷所思，怎麼牠們一出生就知道要完成什麼樣的人生使命呢？哪裡也沒去過，更沒人教，怎知要往哪過冬呢？進化較高階的候鳥，雛鳥第一次遷徙仍得有親鳥帶著一起飛啊！

多麼幸運，我們能在加州如此近距欣賞洛磯山脈以西的「超級世代」。看這些過冬成蝶密密依附枝葉，在冬日陽光輝映中仿若繁花錦簇。美麗神奇的不僅是眼前「蝶叢」景象，牠們「多世代遷徙」更令人驚嘆。

這麼纖弱的羽翼，導航本領卻遠遠超乎想像，年復一年，拍動閃亮的薄翼，用好幾世代的生命完成南北逾三千公里的旅程，才是最不可思議、最動人之處。

帝王斑蝶的蛹是綠色的，鑲著精巧小金點，羽化過程約需十天。

帝王斑蝶毛毛蟲主食是有毒性的乳草，因體內蓄積大量毒素，較不會被天敵捕食。

氣溫回升，蝴蝶便散了開
來，春暖花開，好似枝頭
上開滿了蝴蝶花。

上岸完成人生大事的象鼻海豹

二十多年前，六月豔陽藍天，從舊金山沿著依山傍海的濱海一號公路開車南下。加州中部沿海多半未被開發。公路一側是浩瀚無垠的太平洋，另一側是綿延低緩的山坡，受地中海型氣候的影響而呈現乾燥枯黃的夏日景象。

岸上象鼻海豹全年數量最多之際約在一月下旬，母海豹生了寶寶，公海豹耐心等待母海豹完成哺育進入動情週期。

公象鼻海豹鼻子愈長,年齡愈大。通常要到九歲,體能臻於尖峰才能爭奪沙灘霸主頭銜。

沿海岸馳騁、心曠神怡。途中經過布藍卡絲（Piedras Blancas）海岸,看到海岬邊緣矗立一座醒目的白色燈塔。接著來到聖西蒙（San Simeon）的海邊,突然看到公路兩旁停了好多車。幾十呎外沙丘上有一群人,朝著大海指指點點。跟著下車一探究竟,但見綿延數里的狹長沙灘上數百隻海豹,或仰或臥,邊睡覺邊享受日光浴。

見牠們在沙灘上橫七豎八一動不動,以為每隻都睡得不省人事。近處突然有兩隻睜開眼,圓滾的身子開始互相磨蹭。先是客氣地推來擠去,不知哪裡不對了,突然張口朝對方咆哮。用吼得不過癮,索性撐起上半身,頭也愈抬愈高,像在比身高似的,接著猛力撞向對方,彈開,再撞。鬥到酣處,兩個胸脯緊貼,如相撲選手使盡力氣,互比角力。柔軟而富彈性的身軀,一前一後,忽高忽低,韻律十足。

我看呆了,牠們在吵架還是運動呢?旁鄰無故被吵醒,心情不爽也跟著對吼,彷彿在抗議:「人家在睡覺,你們吵什麼勁兒!」頃刻間,吼叫聲此起彼落,互相用身體撞來撞去。一幅幅生動的畫面,加上現場超立體音效,就這麼在眼前活生生上演。原本安靜的沙灘,頓時變得好不熱鬧。

啊,原來是一群可愛而有靈性的動物呢!圓圓臉蛋,鑲著一雙黑亮大眼睛,和象鼻海豹就在那麼偶然機緣下,邂逅於加州中部海岸。

象鼻海豹的英文名稱 Elephant Seals,學名 Mirounga angustirostris,和外貌相似的海獅、海象是近親,在北半球分布範圍從墨西哥沿海至阿拉斯加灣。牠們是「同種二形」,即成年男生遠比女生大得多:成年公象鼻海豹身長達四至五公尺,體重從一千三至兩千多公斤,在鰭足目中堪稱世界最大的一種海豹。成年母象鼻海豹長約三公尺,重四百至九百公斤,僅成年男的三分之一。

這種海豹外型上最顯著的特徵,就是公海豹有長長的鼻子遮住嘴巴,一抬起頭來就晃呀晃的,像大象的長鼻,才被冠上 elephant 大象一詞。鼻子是牠們第二性徵,年紀愈大鼻子愈長。牠們一生約有八成時間都在海洋中度過,上岸時間並不

長。但牠們人生最重要的幾件大事如求偶、交配、生產、哺乳、脫皮等，卻都是在陸地上完成的。

每年十一月下旬起，公象鼻海豹便從海中歸來，陸續現身沙灘上，為終身大事做準備。為了鞏固地盤，大號公海豹趕中號的、中號的趕小號的，這段期間的沙灘就像擂台競技場。待十二月下旬母象鼻海豹現身之際，群雄割據的局面已大勢底定，厲害的儼然為一方沙灘霸主（Beach Master），迎接母海豹的到來。

母象鼻海豹產季從十二月下旬至翌年二月。剛出生的海豹寶寶有一公尺長，出生後第一件事是找媽媽的奶喝。因媽媽只有乳洞沒有乳頭，寶寶用鼻子嗅聞找到乳洞，而媽媽生產後首要之務也是嗅聞寶寶，母子便藉著聲音和體味親暱相繫彼此。

象鼻海豹母乳脂肪含量高達 55%（牛乳脂肪含 4%，人乳僅含 2～4%），所以寶寶長得很快，約十天體重就可倍增。媽媽在岸上哺乳一個月期間都不進食，僅仰賴身體儲存能量餵哺小孩。

公象鼻海豹上岸後也不再進食，為了固守城池，並保護妻室不被周邊那些覬覦美色的年輕公海豹侵犯。當母海豹完成哺育任務、返回大海前的三至五天，也是一年一度的動情週期。沙灘霸主公海豹耐心守候月餘，一旦嗅覺母海豹處於動情期，便可洞房花燭了。

母象鼻海豹平均壽命二十歲，在三、四歲便開始生育；從受孕到生產，妊娠期約十一個月。公象鼻海豹平均壽命僅十四歲，在五、六歲臻於性成熟，通常要到九至十二歲體能達尖峰狀態，才得以爭得沙灘霸主頭銜。物競天擇原則下，最強的基因得以遺傳下來。

公象鼻海豹會等所有妻室離開，三月才動身離去，此時牠們已近百天沒進食，往往瘦掉三分之一或更多體重了。

而象鼻寶寶斷奶時被媽媽餵得又肥又圓，體重可達一一〇至

象鼻海豹是「同種二形」，即成年公海豹體型遠比母海豹大得多。圖中的公海豹正想和剛成年的母海豹親熱。

當媽媽完成哺育返回大海，斷奶兒會在岸上脫皮成銀白色。大眼睛加短手（前鰭），有些動作極像人類的行為。

剛出生的象鼻海豹寶寶全身黑黑皺皺的，母子主要靠嗅覺和聽覺辨認彼此。

一五○公斤,是出生時的四倍。這些斷奶兒還要在岸上待兩個月,靠自身脂肪過日子,同時自學潛水游泳,才能進軍大海。當牠們展開長期海洋之旅時,體重也會比斷奶時要減個三到五成。

象鼻海豹頭號天敵是大白鯊和殺人鯨,因此待在海面的時間不長,通常會潛至三至六百公尺或更深海域覓食,一來減低遇敵機率,二來也能獲取較充裕的食物。

夕陽西下,一隻可愛的象鼻寶寶抬起頭來,好奇盯著我們,那雙黑亮的大眼睛,如大海般的深邃神祕。牠的人生,將看到我所看不到的深海世界。是緣分,是際遇,來自兩個完全不同的時空,卻能在這片沙灘上相遇。願這片海岸不被破壞,永遠荒美如昔,讓海豹們日後順利返鄉完成人生大事,平安幸福地過一輩子。

短鼻公象鼻海豹體格健壯,上岸一逮到機會就練相撲,為日後情場戰鬥做準備。

太浩湖「陸封型」小紅鮭

幾年前聽山社老嚮學長說，在北加州的太浩湖 (Lake Tahoe)
可以看到紅鮭魚。我第一個反應是，不太可能吧？太浩湖在
加州和內華達州邊界，是北美最大的高山湖泊——海拔將近
一千九百公尺，紅鮭魚不都從大平洋千里迢迢迴游溯至河的
上游產卵麼？湖那麼高，要怎麼游上去呢？

「我說的不是一般紅鮭魚 Sockeye Salmon，而是另一種
Kokanee Salmon，是陸封型的小紅鮭，就像台灣七家灣溪
的櫻花鉤吻鮭……」老嚮學長舉台灣的國寶魚為例，立刻
令人茅塞頓開，他還說這種小紅鮭在十月中上旬會從湖裡
迴游至太浩湖支流上游產卵，而此湖南岸的泰勒溪 (Taylor
Creek) 遊客中心，為了歡迎小紅鮭回家完成人生最後的使
命，在每年十月初會舉辦「科尼卡小紅鮭歡慶節」(Kokanee
Salmon Festival)。

老嚮學長盛情邀請我們一起露營賞鮭。禁不住好奇心的驅
使，在節慶一開始的週末清晨，我們從南加州往北開了七百
公里將近十小時車程，一路翻山越嶺，終於來到山上清澈的
太浩湖，拜 GPS 之賜，很快就找到南岸的泰勒溪。

泰勒溪是一條不太起眼的湍淺小溪，寬僅數呎，溪水清澈見
底，平坦河床布滿了鵝卵石，溪岸植被蓊鬱茂密，綠葉樹枝
低垂至水面。最神奇的是從柏油公路旁的路橋，就可以看到
溪底的小紅鮭。下到溪畔，離小紅鮭更只有咫尺之近，幾乎
觸手可及。

啊，生平第一次見到小紅鮭，那獨特外型，和我在阿拉斯加
見到的大紅鮭魚簡直一模一樣——繁殖期間已變得鮮紅的魚
身，呈橄欖綠的魚頭。雄魚的特徵尤其明顯，魚背明顯隆起，
魚下巴微微上勾。難怪大小紅鮭學名都是 Oncorhynchus
nerka，只不過，體積大小有顯著差異：由海溯河的大紅鮭
身長可逾 80 公分，而陸封型小紅鮭平均不到 36 公分，等於
體積縮了一大半。

從公路旁的陸橋，就能看
到清澈溪底的小紅鮭歸心
似箭，一齊往上溯游。

潺潺清溪，伸手探一下溪水溫度，果然十分冰涼，想必是周圍的高山融雪流洩而下，注入此溪所致。其實太浩湖支系溪流共有 63 條，泰勒溪只是其中一條，但太浩湖裡高達 95% 的小紅鮭都迴游至泰勒溪上游產卵，生物學家認為是此溪自然環境條件較佳，例如溪水清澈而少淤泥，溪床礫石大小適中，還有水溫與水流等因素，比其他支流水系更適合小紅鮭的繁衍。

小紅鮭的英文俗名"Kokanee"，是源於加拿大西岸的北美印第安原住民語言，意思是紅魚 (red fish)。牠們原產於阿拉

斯加至華盛頓州、奧勒岡州的內陸地區。不像大紅鮭魚的成年期都在大海度過，科卡尼小紅鮭一輩子生活在淡水中，是「非溯河性」的鮭魚。正因淡水溪湖中的食物有限，牠們身型便相對地嬌小。

其實此區小紅鮭是在一次意外事件被引進太浩湖的，1944年因太浩城（Tahoe City）有個養殖魚場池水大量溢出，小紅鮭便游進太浩湖，三年後竟迴游至魚場孵化池附近產卵，人們才發現原來小紅鮭能在太浩湖生存下來。1949年起，養殖魚場開始在此湖支流水系植入魚苗，後來加州漁獵部門更將泰勒溪視為重點培育區，至今繁衍狀況良好而穩定。

小紅鮭產下的卵，所需的生存環境條件和大紅鮭類似，都需要乾淨和含氧量高的清冷溪水，以及礫石灘河床才得以發育成長。牠們產卵季是金秋十月，經過約一百天的孵化期，魚

在十月中上旬，小紅鮭會從湖裡迴游至太浩湖的支流泰勒溪上游完成人生最後使命。

近看綠冠紅袍的小紅鮭，雄魚體型比雌魚大些，下巴較長，並略往上勾。

小紅鮭身長平均不到36公分，圖中秋沙鴨 (Common Merganser) 可吞下一整尾小紅鮭。

太浩湖在加州和內華達州邊界，海拔將近一千九百公尺，是北美最大的高山湖泊。

卵成為狀似蝌蚪的鱂 (alevin)，此時蛋囊仍附在身上。就在此時期，牠們學著熟習泰勒溪的「味道」，成為日後返鄉的「本能」。再過個兩三週，蛋囊養分都被汲取光了，鱂便成為魚苗，牠們在溪裡再待上兩三週，學著如何在水裡覓食。魚苗繼續成長為幼魚，開始遷徙游入太浩湖，此時泰勒溪的家鄉味道早已深植於這些幼魚腦中了。

還未發育完全的小紅鮭是銀藍色的，以湖裡的浮游生物為主食。經過二至四年的成長期，待發育成熟並準備交配之際，生理會產生顯著變化──魚身轉紅，魚頭和尾鰭變成橄欖綠。牠們藉著返鄉本能，一群一群從湖裡回到泰勒溪，並且會回到離出生之地很近的地方。

換好綠冠紅袍的新娘新郎將不再進食，全心全意專注於傳宗接代。一旦遇到心上人，情投意合配了對，選了合適的產床，雄魚在旁固守地盤，雌魚用尾巴掃開河床礫石，將卵產在底下，雄魚負責及時讓卵受精，兩人再齊心合力用礫石覆蓋受精卵。

這般產卵過程會重複進行多次。平均而言，兩歲大的雌魚可產下 400 個卵，三歲大的可產下 800 個卵，四歲大則可產下 1200 個卵。一旦完成人生大事，雌魚數天後即死亡，雄魚最多活不過兩週。雙親的屍體在水中分解，為下一代提供養分，也成為其他動物如小浣熊、小土狼、老鷹等的食物來源。

科卡尼小紅鮭能在高海拔湖泊生存繁衍，因為牠們喜歡攝氏十度以下的水溫。夏天便待在太浩湖水深處，冬天便靠近水面之處悠游。

真要感謝老嚮學長的引介與邀請，當晚在營地還和玲姊一起準備了火鍋大餐盛情招待，還有老嚮的好友 Peter 也帶了鍋貼炒麵等豐盛食物共襄盛舉。營火旁的美味饗宴與濃濃人情，在湖畔冷冽寒夜中讓人備覺溫暖。更心存感恩，能如此親近觀察美麗的小紅鮭，見證大自然週而復始、生生不息的奇妙循環。

向天禱求的約書亞樹

約書亞這種樹，長相真的很奇特。即使自己老是記不住樹名，一旦見過約書亞樹，就不可能忘記。

這些奇形怪狀的樹，學名是 Yucca brevifolia，屬於百合科絲蘭屬，因此中文又譯為短葉絲蘭。主要分佈於美國西南部的莫哈維沙漠海拔四百多到一千八百公尺之間的空曠荒野，除了加州，在亞利桑納州、猶他州、還有內華達州也能見其蹤影。

當地早期的印第安原住民卡輝亞部族（Cahuilla），老一輩的人原本稱此樹為「胡努瓦奇亞」或「胡姆維恰瓦」（"hunuvat chiy'a" or "humwichawa"）。自很久以前，此區的原住民便懂得充分利用這個植物：花苞和種子可拿來食用，粗壯的葉子可用來編織籃子和涼鞋。

而英文之所以稱為「約書亞樹」（Joshua Tree），是有些典故的。相傳是源於十九世紀中葉，一群摩門教的拓荒者經過了莫哈維沙漠，看到此樹向上伸展的樹枝，讓他們想起聖經裡的約書亞高舉雙手向上天禱求的故事。還有另一個說法，是此樹向四方伸展的樹枝指著不同方向，彷彿約書亞在指路，為拓荒者西進之路指點迷津。

其實「約書亞」這個名字具有「耶和華就是救贖」之意，具有相當濃厚的宗教意識。在舊約聖經中，約書亞是摩西的繼承人，摩西帶領著以色列人離開埃及，以色列人在荒野中顛沛流離了四十年，最後真正率領他們到達應許之地的領袖，便是約書亞。

和摩門教拓荒者同時進入此區的還有很多礦工和牧場主人，他們都希望能找到礦脈或在此地順利畜牧。約書亞樹也的確有幫到很多忙，墾荒者用其樹枝和樹幹做成籬笆和畜欄，並拿來當成燃料。

公園東邊為地勢較低的科羅拉多沙漠，長著各式各樣的仙人掌。

約書亞樹學名 Yucca
brevifolia，百合科絲蘭
屬，中文譯為短葉絲蘭，
主要分佈於美國西南的
莫哈維沙漠。

除了約書亞樹，此區的沙漠生態環境還蘊含了許多其他種特
殊植物。二十世紀初葉，在沒人管的情況下，很多人到此一
遊，就隨心所欲把該地特有或稀罕的沙漠植物如仙人掌之類
搬回自家院子種植當園藝裝飾。畢竟此區就在洛杉磯大都會
東邊約 240 公里的地方，兩個多小時可到，距離並不算遠。

當時在洛城頗具聲望的顯達人士密涅瓦‧霍伊特〔Minerva
H. Hoyt〕和其他有識之士看到這種無法可管的情況，覺得不
保護起來不行，便想盡辦法遊說華府設立保護區。但誰會
那麼在意荒漠呢？霍伊特前後約耗費了十年心力，才終於在

1936 年由羅斯福總統 (President Franklin Roosevelt) 宣布成立為約書亞國家紀念地。

1994 年柯林頓總統簽署加州沙漠保護法案，約書亞便和死谷國家紀念地一起晉級為國家公園，面積擴增至三十二萬公頃，範圍涵蓋了兩個大沙漠的部分地區——包括西側海拔較高的莫哈維沙漠 (Mohave Desert) 和東邊地勢較低的科羅拉多沙漠 (Colorado Desert)。

只要你看到約書亞樹，就代表你已經在莫哈維沙漠中了。此區屬大陸沙漠性氣候，白天熱得要命，到了晚上又非常冷。但約書亞樹很能忍受極大的溫差，無論夏季白晝超過攝氏 45 度的高溫，或是冬天寒夜冷至攝氏零下 20 度的低溫，它們都能安然存活。

約書亞樹幹既是絲蘭，是由數千纖維組成，因此並沒有像松樹般的年輪，通常只能從樹的高度粗略估計年齡。其種子發芽後的前十年是快速成長期，平均每年長高七、八公分，接下來每年平均不到五公分。目前最高的約書亞樹大約有十五公尺，科學家估計這種樹平均壽命約莫一百五十年，但有些能活上好幾百年。它們的樹根既深且廣，有些根長可逾十公尺。除了藉由種子繁衍，約書亞也能從母體的根莖長出新的植株。如果冬天夠冷，而且老天給了適時適量的降雨，此

公園西側屬於莫哈維沙漠，圖中白花為該區常見植物 Parry nolina，學名 Nolina parryi。

約書亞樹英文所以稱為 Joshua Tree，相傳十九世紀中葉一群摩門教拓荒者見到此樹而想到聖經的約書亞舉手向上天禱求。

樹在翌年二月到四月下旬於枝頂開出花色花朵，而由絲蘭蛾 (yucca moth) 負起傳授花粉的重任。

約書亞樹讓人覺得很特別，但這個國家公園，其實還具有加州沙漠中最奇特有趣的岩石地貌外觀。在公園的隱谷 (Hidden Valley) 和巨岩 (Jumbo Rock) 這兩個地區，常能看到各種圓狀的巨石，因其岩石母層是一億多年前在地表下冷卻岩漿所形成的石英二長花崗岩 (monzogranite)，此岩層具有粗略的矩形節理，在地下水長期滲透侵蝕下，逐漸形成球面岩體。待覆蓋的表層土被風化沖刷後，此花崗岩體便突露地表而形成巨礫堆和岩石殘丘景觀。暴露地表的巨礫底部通常較潮溼，也更容易被雨水和積雪所侵蝕，稱為球形風化。

粗糙的花崗地質與奇岩殘丘地形，將約書亞國家公園塑造成

南加州相當熱門的攀岩勝地，據稱有上千條不同難度的攀爬路線。山社喜愛爬岩運動的揚吾，還有學弟其彬常趁週末造訪這個公園，藉以磨練切磋各項攀岩技能，以期精益求精更上層樓。其彬近年還攀登了阿爾卑斯山區難度相當高的馬特宏峰（Matterhorn，4478m），相當不簡單哩。

我和文堯則常去約書亞拍攝星空，因為這個公園遠離大都會區，光害較少，而且氣候乾燥總是晴空萬里，是南加州很受歡迎的天文觀星之地。尤其每年八月中旬的英仙座流星雨，即使沙漠高溫熱浪當頭，營地依然人滿為患。今年該流星雨尖峰期是在加州 8 月 11 日半夜和 12 日凌晨之間，原以為週四非假日的觀星人潮會比較少，結果竟還搶不到一個營地，實在不得不令人歎為觀止。

公園的巨岩地區，其岩層具有粗略矩形節理，經風化侵蝕而成為球面岩體。圖中左側岩堆有一人可做為比例尺。

儘管好些年都沒能搶到營地，幸好偌大的荒漠一望無際，處處人跡罕至。走入寂靜曠野中，隨處找幾棵造型優雅的約書亞樹做為前景，加上獨特的岩石殘丘當背景，依然能捕捉到燦爛的火流星劃過長長夜空、令人驚嘆而心悸不已的絢麗奇景。

在莫哈維沙漠生態區另一種常見植物 Mojave Yuccas， 學名 Yucca schidigera，花比人高。

公園白坦克（White Tank）營區有座岩石拱橋，學妹 Ting 柔軟度佳，也將自己後弓彎應景。

四月下旬，銀河在午夜自
東邊升起，營區的車尾燈
將岩石前景打亮。若捕
不到流星，銀河也夠美的
了。

後記　正在改變世界的金色之州

寫這本書的時候，美國總統大選正如火如荼地進行著。前陣子恰巧看到一篇報導，說美國的科技大本營——加州矽谷，向來是民主黨的政治樁腳，在今年 2016 選戰中更為明顯，一百多位科技巨頭連署發佈聲明，一面倒力挺民主黨總統候選人希拉蕊·柯林頓 (Hillary Clinton)。這份聲明直言不諱說道：「我們已聽了唐納德·川普 (Donald Trump) 過去一年的言論，而我們的結論是：川普會成為創新產業的災難.......。他的觀點反對自由公開交流想法、反對人們到處自由移動，並反對與外部世界連結生產的重要經濟活動。」

其實早在今年七月中旬共和黨總統候選人提名前夕，當房地產和娛樂業大亨川普正準備在克利夫蘭黨代表大會中黃袍加身時，美國這些科技界領袖便曾聯名發表公開信，砲轟川普及其種種政策主張。這些公開表態的科技界領袖包括蘋果公司共同創辦人史帝夫·沃茲尼克 (Steve Wozniak)，推特共同創辦人伊弗·威廉斯 (Ev Williams)，維基百科創辦人吉米·威爾斯 (Jimmy Wales)，eBay 創辦人皮爾·歐米迪亞 (Pierre Omidyar)，以及分別來自谷歌、蘋果、臉書、推特、高通 (Qualcomm)、Tumblr、Reddit、Slack 等知名科技企業界人士與大批新創公司、創投公司、非營利組織和科學研究機構等，族繁不及備載。

川普不受科技巨頭歡迎，因為他在政見中的觀點和近乎危言聳聽的言論，與矽谷開放融合的文化還有自由創新的精神，恰好背道而馳。如果對矽谷的起源有所了解，就能明白為何這些科技巨擘會群起反對川普了。

而矽谷的緣起，一切要從史丹佛大學的創建開始談起。

史丹佛大學，是第一章曾提到過的，曾任加州州長與參議員的鐵路鉅亨利蘭·史丹佛和他的妻子珍·史丹佛 (Jane Standford) 共同創建的，其背後有個悲傷的故事：史丹佛夫妻結婚多年卻一直沒有小孩，史丹佛夫人年近四十才好不容

名聞遐邇的史丹佛大學，看起來其實蠻樸實的。圖中為好友佳菁與富元攜手逛史丹佛校園。

易生個兒子，但獨生愛子在未滿十六歲便因傷寒而病逝。夫妻倆在悲慟之餘，於翌年 1885 年捐出兩千萬美元（相當於今日的四億多美金）做為大學籌設基金，並以愛子之名為大學命名做為紀念。因此該校全名其實是小利蘭·史丹佛大學 (Leland Stanford Junior University)。

這所大學就建在帕洛阿爾托 (Palo Alto) 他們自家農場上，經過六年建設，於 1891 年正式開學招生，不但重視性別平等與宗教自由，而且在 1930 年代以前所有學費全免。史丹佛曾這麼告訴妻子：「以後所有加利福尼亞的小孩，都是我們的孩子。」

學校開張不到兩年，史丹佛在 1893 年就去世了，史丹福夫人承擔了讓學校繼續運轉的重大責任。1906 年的舊金山大地震對校園造成重大損毀，曾致使該校面臨嚴重的財政困

難。幸運的是，歷經各種磨難的史丹佛大學並沒因此而停止
成長。二次世界大戰結束後，時任工學院院長兼學校教務長
的弗雷德里克·特爾曼 (Frederick Terman) 建議校方出租一
塊地方讓畢業校友創辦公司。特爾曼認為支持校友與教職員
發揮企業精神，既可為學校帶來收益，又能幫助學生在社會
中適應生存；而更宏遠的目標，是希望能在當地建立一個自
給自足的科技工業。

特爾曼的提議，促成史丹福研究園 (Stanford Research
Park) 於 1951 年設立，堪稱世界上第一個以科技應用為重心
的科技學園區。兩年後，特爾曼教授的兩個學生將公司辦公
室搬進園區，一位是威廉·惠里特 (William Hewlett)，另一
位是大衛·普卡德 (David Packard)，他們的公司就是後來以
製造電腦和印表機聞名於世的惠普 (HP)。

而那正是今日矽谷的源流。在接下來半個多世紀，與惠普相
似的故事便不斷在史丹佛周圍地區重演著。

散佈校園的銅鑄雕像，為
藝術家 Auguste Rodinare
的作品，圖為 Burghers
of Calais。好友嘉琪正低
頭閱讀地面解說。

至今最著名的例子，大概就是當世無人不知、幾乎每天都要拜上一拜的谷歌（Google），其創辦人勞倫斯·佩奇（Lawrence Page）與謝爾蓋·布林（Sergey Brin）便自史丹佛畢業。而同樣有名的蘋果電腦（Apple）創辦人：已病逝的史蒂芬·賈伯斯（Steven Jobs）與上述公開反對川普的史帝夫·沃茲尼克（Steve Wozniak），則是史丹佛的中輟生。

而「矽谷」這個名稱，約莫在一九七〇年代開始廣傳，逐漸為公眾所知，據說是源自一位在加州報導半導體產業的記者於 1971 年發表一系列有關於「美國矽谷」（Silicon Valley USA）的文章。今日大家耳熟能詳的「矽谷」這個名詞，實際上是指舊金山海灣南部一條狹長的山谷，因美國主要的資訊科技 IT 公司都集中在這一帶。而最初的 IT 科技業主要生產半導體和電腦，「矽」正是製造電腦芯片的關鍵元素，故名「矽谷」。

矽谷的崛起也讓史丹佛成為世界上最負盛名的大學之一。在二十世紀的七〇年代，史丹佛成為美國 SLAC 國家加速器實驗室（The SLAC National Accelerator Laboratory）所在地，並成為高階研究計劃網路（即網際網路雛形）的起源地。今日矽谷早已吸引聚集了眾多國際知名的科技企業，包括谷歌、蘋果、臉書、惠普、雅虎、昇陽電腦（Sun）等，根據估計這些矽谷科技企業的資金總合相當於全球第十大經濟體。

言歸正傳，史丹福大學從創校一開始，就繼承一種鼓勵宣揚真理的自由傳統，強調真理在實際生活中的自由應用，並重視成果的分享。他們的校訓是 Die Luft der Freiheit weht（德文），譯成中文是「自由之風永遠吹拂」。1891 年 10 月 1 日史丹佛大學開學日當天，校長大衛·佐敦（David Starr Jordan）向首批學生致辭：「『史丹佛』沒有任何傳統，也不受任何傳統的阻礙。學校裡所有的路標都直指前方。」

重視自由公開和創新分享的精神，瞭解這一層思想文化傳承，就不難理解為何矽谷科技巨頭會群起公開反對川普，他們認為川普故步自封，對於「回到過去」比「建立未來」更有興趣。如聖荷西州立大學政治學副教授梅琳達·傑克遜（Melinda Jackson）直言：「（川普）他似乎習於回頭看，

想把事情弄得跟以前一樣，……但矽谷關切的是新的創新與未來下一件大事（Silicon Valley is about new innovation and the next big thing）。」

其實傑克遜教授用「下一件大事」來形容，算是比較含蓄的說法，若改成「下一件偉大的事」（next great thing）可能還更貼切些，因為矽谷科技確實為現代人生活帶來巨大改變，只要想像一下，今日世界如果沒有蘋果、谷歌、臉書，一切將變得多麼不一樣？

舉幾個大家熟悉的例子，蘋果推出的平板電腦 iPad 脫離鍵盤、鼠標、電腦桌，改變人們上網習慣，也改變了世界對個人電腦（PC）的看法。谷歌提供的全球街道街景圖，讓任天堂寶可夢精靈遊戲的虛擬世界，得以與現實生活環境結合，在北投街道人山人海為了抓快龍的景象，被《時代雜誌》譏諷為世界末日來臨，但寶可夢確實讓宅男宅女不得不走出戶外，因遊戲而發現真實世界的新奇。而台灣最夯的臉書在 2016 年 8 月據稱已達到一千八百萬用戶，涵蓋近八成的台灣人口，相當驚人。臉書的普及也使民眾生活形態起了若干變化，除了隨時隨地用臉書打卡分享即時寫真，臉書逐漸成為現代人獲得訊息的主要管道，愈來愈多人不看報紙或新聞，而是透過臉書個人化電子報看新聞並掌握親朋好友動態。

話說回來，除了思想倒退、反對創新與自由交流，矽谷公開信還抨擊川普「公開反對移民」的態度，稱其競選言論是基於「憤怒、偏執、對新觀念和新移民的恐懼」，因川普揚言要禁止穆斯林入境，並在美墨邊界築一道牆以阻擋非法移民。臉書（Facebook）創辦人馬克‧祖克柏（Mark Zuckerberg）委婉予以反擊，呼籲「用希望代替恐懼」，幫助人們建立起橋樑而非築起高牆。

川普歧視女性讓人不敢恭維，其排斥移民的言論，更讓我連想到美國的《排華法案》。該法案是美國總統契斯特‧亞瑟（Chester Alan Arthur）於 1882 年簽署，並成為《美國法典》一部分：在第八篇第七章「排除華人」（Exclusion of Chinese），是唯一完全針對一個特定國籍或族群的章節。

史丹佛大學演講聽，氣派恢弘而莊嚴。

趙美心是美國歷史上第一位華裔女議員,她的家族便曾經歷排華法案帶來的屈辱。「我的祖父在上個世紀來到這裡,他試著生存下去,但他一無所有。那時中國人是不可以購買土地的,他們不能成為美國公民,不能入籍,也沒有投票權。」只要聽聽趙美心說的話,就知華人曾受過怎樣的歧視。華人「苦力」領取微薄的工錢勉強餬口維生,卻被認為是搶白人工作機會或造成薪資低落的罪魁禍首。從 1882 年到 1904 年,美國國會通過一系列針對華人的惡法,踐踏了美國立國的自由民主精神。羅斯福總統將之稱為「歷史性的錯誤」,直到

1943 年美國國會才撤銷法案，允許中國人成為美國公民。2012 年 6 月 18 日，經眾議院全票表決通過，美國以立法形式就 1882 年通過的《排華法案》正式道歉。

姑且不論華人曾受到不公不義的歷史創傷，移民在美國這文化大熔爐扮演多重要的角色，在《財星》（Fortune）雜誌有數據顯示：美國五百大企業中，其中高達四成是由第一和第二代移民所創立的；而約莫半數的「獨角獸」（Unicorn，估值達到 10 億美元以上的新創公司），至少有一名創辦人是移民。在科技企業雲集的矽谷，更有大量尖端人才來自印度、中國等國家，成為美國科技業不斷發展前進的重要動力。

正如矽谷公開信所強調的，人才驅動創新，多元化則是創新原動力，積極的移民政策才能吸引和留住世界上最聰明的人——科學家、企業家和創新者。如果川普知道上述統計事實，或許對移民的態度會更尊重些。

此外還有環保議題，美國麻省理工學院知名語言學榮譽退休教授、政治文化評論家查敏士基（Noam Chomsky）曾說道，美國共和黨總統準候選人川普對氣候變遷的否認「幾乎敲響人類的喪鐘」。雖然「不是明天」，但「我們現在做出的決策，將影響未來數十年的發展，在數個世代後會是一場浩劫。」

文堯曾預言，如果川普當選美國總統，加州說不定會吵著要脫離美國自成一國。這並非完全不可能的，因為「加州共和國」本來就有其歷史淵源，而且重視自由開放、重視環保議題、講究男女平權並尊重少數族裔的加州人，很多理念都和川普的政見南轅北轍，那麼加州會鬧著要獨立也就一點兒都不令人感到意外了。

其實加州帶給世界的改變，又豈僅僅是矽谷科技？試想，如果沒有好萊塢的星際大戰，沒有迪士尼的米老鼠、灰姑娘、與冰雪奇緣，這世界將會變成如何的不同？！

廳堂樑柱上有史丹佛夫婦紀念刻字，他們的獨生愛子不到 16 歲即病逝。

史丹佛曾對妻子說：「以後所有加利福尼亞的小孩，都是我們的孩子。」

華特‧迪士尼（Walt Disney）曾說過這樣一句話：「如果我們有勇氣去追求，所有的夢想都會成真。」（All our dreams come true if we have the courage to pursue them.）

迪士尼在加州實現了他的夢想。而這也應驗了，地靈人傑的金色加州，是一個能讓人夢想成真的地方。

在約書亞國家公園拍到英
仙座的火流星，讓我們為
人類更美好的未來，許個
願吧！

附錄

參考文獻：

Adams, Ansel. America's Wilderness: the Photographs of Ansel Adams, with the Writings of John Muir. by Running Press, Philadelphia, PA: Courage Books, 2002. ISBN 0-7624-1390-5.

Alinder, Mary. Ansel Adams: A Biography. New York: Henry Holt and Company, 1996. ISBN 0-8050-4116-8.

California Spanish Genealogy. Retrieved on 2008-08-04. Compiled from William Marvin Mason. The Census of 1790: A Demographic History of California. Menlo Park: Ballena Press, 1998. http://sfgenealogy.com/spanish/cen1790.htm

Crespi, Juan, ed. By Brown, Alan; "A description of distant roads: Original journals of the first expedition into California, 1769-1770"; San Diego State University Press; ISBN 978-1-879691-64-3. 2001.

"Famous People Influenced by John Muir: Stephen T. Mather", Sierra Club Website: http://vault.sierraclub.org/john_muir_exhibit/people/mather.aspx

Gutierrez, Ramon A, and Richard J. Orsi, Contested Eden: California before the Gold Rush, University of California Press, 1998. ISBN 0-520-21273-8.

Hirschmann, Fred & Randi. Death Valley National Park - Environmental History. Essay by Mark A. Schlenz. Companion Press, Santa Barbara, 1998. ISBN 0-944197-51-5.

"John Muir: A Brief Biography", Sierra Club Website: http://vault.sierraclub.org/john_muir_exhibit/life/muir_biography.aspx

Johnson, Anne. The Ancient Bristlecone Pine Forest. Printed and Distributed by Community Printing and Publishing, Bishop, CA. 1999. ISBN 0-912494-04-2.

"Legacy: Think Like Ansel Adams Today", Outdoor Photographer Magazine. Werner. February 3, 2009. Retrieved January 17, 2013. http://www.outdoorphotographer.com/tips-techniques/nature-landscapes/legacy-think-like-ansel-adams-today/

Library of Congress: "A Guide to the Mexican War" , Compiled by Kenneth Drexler, Digital Reference Specialist.
http://www.loc.gov/rr/program/bib/mexicanwar/

National Park Service Founders: Stephen T. Mather, NPS Website:
https://www.nps.gov/bestideapeople/Mather.html

Rasp, Richard A. Redwood – The Story Behind The Scenery. 4th Printing, KC Publications, INC. 1999. ISBN 0-88714-022-X.

Sierra Club (2008a). "Ansel Adams and the Sierra Club: About Ansel Adams" . Sierra Club. Archived from the original on February 1, 2010.

Starr, Kevin. California: A History. New York: Modern Library Chronicles, 2007. ISBN 0-81297-753-X.

"The Mexican War and California - The Treaty of Campo de Cahuenga" , by Mark J. Denger.
http://www.militarymuseum.org/Cahuenga.html

Turnage, Robert. "Ansel Adams: The Role of the Artist in the Environment Movement" . Reprinted courtesy of the Wilderness Society from The Living Wilderness, March 1980.
http://www.anseladams.com/ansel-adams-the-role-of-the-artist-in-the-environmental-movement/

Tweed, William C. Sequoia & Kings Canyon – The Story Behind The Scenery. Eighth Printing, KC Publications INC, 2000. ISBN 0-88714-121-8.

Yenne, Bill. The Missions of California. Thunder Bay Press, San Diego, California, 2004. ISBN 1-59223-319-8.

"2015 California Agriculture Statistic Overview" by California Department of Food and Agriculture:
https://www.cdfa.ca.gov/statistics/PDFs/2015Report.pdf

相關資訊：

21 Missions in California 加州的 21 座西班牙傳道院：
https://www.missionscalifornia.com/visitor_info.html

Ancient Bristlecone Pine Forest 刺果松國家森林保護區：
http://www.fs.usda.gov/detail/inyo/specialplaces/?cid=stelprdb5129900

Antelope Valley California Poppy Reserve 羚羊山谷加州罌粟保護區：
https://www.parks.ca.gov/?page_id=627

Cabrillo National Monument 聖地牙哥的卡布里洛國家紀念地：
https://www.nps.gov/cabr/index.htm

Death Valley National Park 死谷國家公園：
https://www.nps.gov/deva/index.htm

Elephant Seal, San Simeon 聖西門的象鼻海豹：
http://www.elephantseal.org

Fresno "Blossom Trail" 弗雷斯諾「花步道」相關資訊：
http://www.goblossomtrail.com

Huntington Library, Art Collection, and Botanical Garden 漢庭頓圖書館，藝術收藏與植物園：
http://www.huntington.org

Joshua Tree National Park 約書亞國家公園：
https://www.nps.gov/jotr/index.htm

Kokanee Salmon, Taylor Creek 泰勒溪的小紅鮭：
http://www.fs.usda.gov/wps/portal/fsinternet/

Lake Tahoe 太浩湖營地資訊：
http://www.fs.usda.gov/detailfull/ltbmu/home/?cid=stelprdb5137140&width=full

Merced National Wildlife Refuge 瑪瑟德國家野生動物保護區：
https://www.fws.gov/refuge/merced/

Monarch Butterfly Grove, Pismo Beach 匹斯莫海灘的帝王斑蝶：
http://www.monarchbutterfly.org

Muir Woods National Monument 繆爾森林國家紀念地
https://www.nps.gov/muwo/index.htm

Mt. Whitney 惠特尼峰步道許可申請相關資訊：
http://www.fs.usda.gov/inyo/

Napa Valley 納帕山谷：
http://www.napavalley.com

Napa Valley Wineries 納帕酒鄉：
https://napavintners.com/wineries/

Redwoods National Park 紅杉國家公園：
https://www.nps.gov/redw/index.htm

Sequoia & Kings Canyon National Parks 巨杉與國王峽谷國家公園：
https://www.nps.gov/seki/index.htm

White Mountain 白山健行步道資訊：
http://www.summitpost.org/white-mountain-peak/150221

White Mountain Research Center, University of California 加州大學白山研究中心：
http://www.wmrc.edu/

Yosemite National Park 優勝美地國家公園：
https://www.nps.gov/yose/index.htm

國家圖書館出版品預行編目 (CIP) 資料

金色的加利福尼亞共和國 / 林心雅,李文堯
文.攝影 . -- 初版 . -- 臺北市:大塊文化,
2016.12
面; 公分 . -- (Mark ; 125)
ISBN 978-986-213-755-0(平裝)

1. 遊記 2. 美國加利福尼亞州

752.77109   105020561

LOCUS

LOCUS